请孔子当CEO
好领导必上的36堂课

张博栋 著

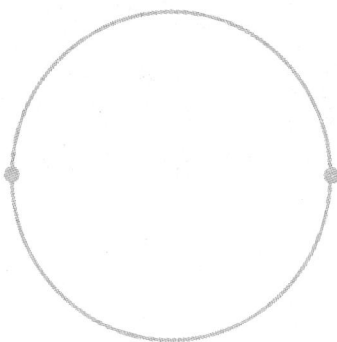

中国人民大学出版社
·北京·

以孔子为中国文化传统源头，结合中国管理哲学理论以及企业管理实践经验，张博士企图探索和开展出中国领导和管理传统的现代性，创建具有中国特色的领导思维和管理模式。张博士愿意如此尝试，勇气可嘉，用心可勉。

从我自身过去和现在担任 CEO 的经历反思，CEO 最大的挑战在于决策事业愿景，尤其是面临企业转型或者成功并购时。记得彼得·圣吉在《第五项修炼》一书中，把系统思考视为企业领导者推动学习型组织的重中之重。确实如此，企业是由组织"系统"所运作，包括人才、制度、流程、机制等因素，彼此关联、互动，是设计微妙的有机整体。而这些因素的影响力，却总非立竿见影，或有明显的一对一因果关系，总需要一段时间的酝酿才得以展现。

企业领导者在组织中也是系统的局部，为了达到短期的企业目标，容易陷入所见的经营问题，而忽视企业愿景的长期追求。换句话说，企业领导者容易近利短视，无法把握整体大局；若能够掌握系统思考，使得领导者"见树又见林"，会有利于判断周全、决策理性、执行得法。

孔子的领导思维与管理方法，总结起来，是以"仁"为中心的"忠恕之道"，可视为促进领导者全面发展领导力的系统思考。仁者人也，仁者爱人。企业领导者在组织中同时扮演着不同的角色，如战略家、管理者、执行者，然而，他只有一种身份认同，即尊重、信任、关怀、发展下属的领导，懂得以身作则，懂得"己欲立而立人，己欲达而达人"。

全球金融海啸后，单纯追求经济面利益的金融服务，已逐渐消失；物联网时代，通过体验营销，满足顾客需求的新金融商品和服务，正大行其道。简言之，保险公司的商品与服务的定位，已注入更多的人文价值元素，使得顾客在选购商品与服务时，买的是一种感觉、一个希望、一种认同，而顾客不单单只是希望得到满足需求或解决问题的工具。保险服务做得好，可以体现自助助人的仁爱价值，同时满足顾客、企业、社会三方需求，创造三大层次的整体效益：(1) 满足人身健康安全的保障；(2) 维持内心宁静喜悦的感受；(3) 促进社会整体福祉的善行。

我相信，中国企业领导者在追求各自做大、做强、做精、做专的企业愿景之时，阅读《请孔子当 CEO》，以孔子的思考为思考，凭借孔子系统的管理智慧，一定可获得相当多的启发；中国企业领导者将可替企业培育发展出更多更好的领导人才，能够提出激动人心的企业发展愿景，并且有自信与意志，实践团队共同的目标，使得企业永续经营。乐为之序。

凌氤宝

教授、博士

台湾人寿董事长

在医疗领域三十多年的管理经验，让我深有体悟，建立和解读医病关系，不能只是依循简单的经济学，而必须从丰富的社会学得来，思考如何做到管理加上伦理，满足人性的多元需求。实务中，医师通过对病患的生理、心理需求的理解和掌握，凭借"望闻问切"的专业技能，做好观察、倾听、疑问、决断，可以满足病患的期待。医师每天的工作视病犹亲，如同企业领导者的角色，做好尊重人、教导人、关怀人、照顾人的工作，时时刻刻展现专业影响力。令人敬重的医师，我们赞扬他的仁心仁术，因为，仁者爱人，有同理心，以爱为出发点，使得医疗不单是治病，更具有医治人心的效果。

《请孔子当 CEO》一书，阐扬了孔子一生一以贯之的精神，行仁至善。各行各业的 CEO 在面对经营挑战时，各自的决策与历程，若对照孔子当 CEO 可能的想法与做法，虽然穿越千年时空，感觉仍是如此亲近，可以给中国企业领导者相当多的启发。医院的经营如同企业，我们必须兼顾伦理和管理。伦理做得好，我们可以拥有和谐的医病关系；管理做得好，我们可以促进合理有效的资源分配。当然，在和谐的医病关系营造上，除了医师抱持"医者，父母心"的心情，也可以运用《论语》所说的"温良恭俭让"的伦理态度，引导病患善尽对等的角色。若我们请孔子来管理医院，孔子会是一位卓有成效的院长，因为他会懂得坚持"以患者为中心"的人文服务理念，打造高凝聚力、高效热忱的医护团队，以专业顶尖的医疗技术，以创新务实的医疗管理，使得公众体验美好的医病关系，重新享受健康的生活。

张博士由于在校期间接受中国文化熏陶，经过理论高度的逻辑锻炼，毕业以后经历企业管理多层面工作，可以说是理论与实务兼具，使他写作这本书，更有合理性与说服力。我看到本书具有三大特点：其一，整体架构分为5篇、36堂课，直击 CEO 必须具备的核心能力，循序渐进，使读者容易融会贯通；其二，文中引用企业家案例，贴近管理现场，有明确的问题意识，说得清楚，讲得明白，妥善地结合了书本知识与社会经验；其三，引述孔子的领导思维，层层剖析，回应时代需求，使得中国传统的管理精髓深入浅出，方便读者取用。对我而言，整本书读起来，阅读的享受，可以说不亚于阅读管理大师彼得·德鲁克的大作。

三年前，张博士在联新国际医疗集团服务，对于他加入康师傅集团，我本着爱才惜才的心情，乐见和祝福他去学习领导思维和深化管理技能，以期日后能够大材大用；今日，看见他的努力成果，十分欣慰。

张焕祯

国务院医改专家咨询委员会委员

台湾联新医疗总执行长

上海禾新医院院长

我与张博士结缘于 2010 年共同出席浙江大学的一场国际学术研讨会，印象中，张博士对中国管理哲学有浓厚的学习热忱，尤其是对道家老子的道法自然、无为无不为、反者道之动三大核心思维，具有系统性的独特见解。

之后几年间，我与张博士多次交流，总在思考与论证：我们老祖先历经千载的管理智慧，如何在我们的工作与生活中发挥更多的用处。时及今日，看到张博士凭借持续自我专研、学习，以及自身在企业的实践经验，尝试从中国传统文化价值中，以最具代表性的儒家孔子为对象，融会贯通其领导思维、管理方法，精炼出富含时代精神并且适用于现代企业领导力发展、具有中国特色的管理方法与领导智慧：《请孔子当 CEO》这本书的出版，用心值得肯定，成果值得一读。

毫无疑问，21 世纪是中国人的世纪。中国大国崛起，复兴中华文化指日可待。中国在新常态下，追求可持续发展，促进世界和平，愿意承担更大的责任，这也是中国梦实践的强大动机。从世界文明演化的历程预测，现今为后现代化时代，东西方交流更全面多元，东方的中国更有机会向西方各国送出我们与时俱进的文化价值与领导智慧。

我认为，中国梦具有三大特色：尊重传统、重视教育、服务人民。实践中国梦的使命，促使我们从传统经典再学习、再深挖，以利传承历史经验，总结当代实践，前瞻未来愿景。《论语》集孔子思想大成，以"仁"为中心的"忠恕之道"，开放自由、公平正义、诚信务实，可以助力我们成功修身，更是身处变革时代，经营国家、管理企业所根本需求的管理智慧。

《请孔子当 CEO》结合企业经营的现实，指出当代 CEO 面临的三大企业经营难题：一是现今的 CEO 工作中最大的挑战是什么？二是卓有成效的 CEO 贡献是什么？三是卓有成效的 CEO 转型需要具备哪些条件？孔子可以说是传统的管理文化代言人，假设孔子是现代企业的 CEO，如何与时俱进，以好奇心、责任心、同理心，本书设身处地解决我们遇到的困难，把握发展机遇；同时，用中国传统文化价值中蕴含的做人做事的道理，引领深化企业管理，使得企业脱胎换骨，最终创建出具有中国特色的领导智慧，加速中国梦的实践。

我相信，企业领导者阅读《请孔子当 CEO》，将有"温故而知新"的会心感受，对企业经营的实务而言，可以从伦理和管理两大层面得到启发，做好团队建设、企业文化，保证企业目标、愿景的落地达成。

周建波博士

北京大学经济学院博导、教授

　　就"人"的管理层面而言,"人"如作为管理的主体,便不得不讲求"人本管理"。中国儒家认为人如能充分发挥本性和智能,便可赞天地之化育。然而,值得注意的是,孔子曾云:"性相近也,习相远也。"这句话虽未明确指出人性是善是恶,但潜藏着人性可以通过"习"的过程而加以改变。可见,人有向善的可能性,相应地,亦有向恶的可能性。因而,"人"必须先自我管理。

　　依儒家的人性管理思想来看,孔子在《礼记·中庸》中提出:"为政在人,取人以身,修身以道,修道以仁。仁者人也,亲亲为大。"明确指出"人"乃管理之主体。因而,管理的本质在于"治人",即所谓治人以善、向善、成善、圆善。简言之,儒家的核心管理思想在于治者与被治者皆能趋于完善。

　　儒家的管理思想,或大多数东方式思维的管理思想,都强调对"心"的管理。星云大师曾说:佛陀设教,就是倡导"心"的管理,所谓:"佛说一切法，为治一切心；若无一切心，何用一切法?"修学"心的管理"这门学科，不能完全依靠别人，必得依靠自己，把自己的真心、慧心、慈心、信心、定心、忠心等，呈现出来，并且以善心、好心来管理自己、管理环境、管理事物、管理团体。平日参禅念佛、早晚反省、喜舍行善、克己利他，都是为了把心管好，也是为了修满"心的管理"这门课程的学分!

"心"是万物之本，没有把根本管理好，只管理枝末，人生当然不会圆满。把自己的心管好，心正则一切皆正，心净则一切皆净，心善则一切皆善，这才是最重要的管理学。

张博士与我是台湾大学中文系同班同学，相识相知近三十年。他后来专研管理思想，并亲身投入企业管理之行列。近年来，张博士每有新作刊载于报纸杂志，我必细心阅读，欣赏其精湛之论述，及多角度之思维。尤有甚者，用词活泼新颖及别出心裁之议题，常令人读之再三而不厌。如今张博士结集出版《请孔子当 CEO》，俾决策者随身索阅，不仅提供激励同人之资粮，亦能作为激发自身思维之龟鉴。此书以"王道"、"行仁"、"至善"、"正义"、"立人"五大主轴，将孔子思想运用于当代的企业组织管理。展读之余，有感于孔子之仁性思想与佛家之心法，有异曲同工之妙。故余不揣鄙陋，撷取二家之说，而漫为之序云。

陈剑锽

教授、博士

香港中文大学人间佛教研究中心主任

目 录

孔子适合当 CEO 吗

2007 年，我在中国人民大学修读博士，专业为中国管理哲学。简单而言，就是以中国哲学的思维与方法去研究管理学。在博士班的学习历程中，由于建立中国管理哲学知识系统的需要，除了亲炙葛荣晋老师之外，我私淑成中英老师，也在相当多的公私场合得到成老师的剀切指教，深感幸运。成老师彰明儒学源流，致力超越和融合内圣外王两端，以知识为基础，以体验为过程，以诠释为形式，促使现代人在追求理想的生存境界时，从自觉到知觉，从伦理到管理，有机会开展人境俱得的生活价值体验与生命意义创造。"体察古今，会通中西，人文化成"，实为成老师创发"本体诠释学"一以贯之的学术理念与实践指南。从本体论而言，关注人的明心见性之内在价值，并外延发展为伦理道德，进而可深化中国传统文化的核心价值；若从诠释的角度，则阐述思想、知识的经世致用之知行合一功能，即成为中国管理哲学主要的学术任务与贡献。

由于我在大学本科学的是中国文学，对于中国传统经典的四书五经时有涉猎或旁通。西方有《对话录》，东方有《论语》，交相辉映出东西方文化璀璨的一页。《论语》是孔子与学生在日常生活和学习时的对话，令人读起来备觉亲切自然，反复读诵，契合我心。

北宋宰相赵普曰："《论语》二十篇，吾以一半佐太祖（赵匡胤）定天下。"《论语》经世致用的价值，早为人们所信服，也是人们"穷则独善其身，达则兼济天下"的人生发展指南。北宋理学家张载认为，士大夫"道济天下"精神的发扬，必须要"为天地立心，为生民立命，为往圣继绝学，为万世开太平"。北宋文学家范仲淹也在《岳阳楼记》中提出，人生要"不以物喜，不以己悲"，乐观奋斗，同时展现"先天下之忧而忧，后天下之乐而乐"的济世情怀。《礼记·礼运》曰："大道之行也，天下为公，选贤与能，讲信修睦。"儒家力行仁道，追求天下太平，其前提在于：天下是公平正义的，为人们所共有，那些品德高尚、能力高超的人，有意愿且有能力被推举出来服务于人民，同时人们选择讲求诚信，彼此和睦相处。

近年来，我们生活的世界发生了显著的变化。从社会文化层面看来，生活方式、工作形态趋向多样化，劳动力的结构改变，城镇化的进展加速，信仰、价值观的重塑或持续深化；从科技层面看来，移动网络、互联网、自媒体、电商快速发展，科技大大改善工作效率，搭建起新的人际关系和社会网络，改变人们惯有的消费与行为模式；从经济层面看来，全球化与本地化的竞争更加剧烈，经济周期变短且波动大，贫富差距持续扩大；从政治层面看来，地缘政治的不稳定，新的政治、经济联盟的崛起，需要企业适应新的监管变化。

博士毕业后，我进入康师傅集团服务，学习了很多，积累了更多经营管理的经验。从人力资源战略的视角，观察企业的竞争与发展，深感于CEO身处如此巨大多变的环境，想要胜任工作、赢得未来，必须用心思考三大问题：

一是在现今CEO工作中最大的挑战是什么；二是卓有成效的CEO贡献是什么；三是卓有成效的CEO转型需要具备哪些条件。

在广泛的阅读中，我也发现中国富豪榜上有名的人，多数没有受过正规教育，拥有硕士、博士学位的更少，然而，他们创造财富、累积财富的速度，令人叹为观止；相对而言，号称专家、学者、大师的精英们，却要对富人进行个案研究。究竟在我们受教育的过程中，出了什么问题，使我们学得不够精、不够深、不够专业？

若我们从学习过程来分析，可以看看，我们到底学了什么？第一，是书本知识，给我们丰富的间接经验；第二，是社会知识，给我们多变的直接经验。原则上，两者不能偏废，方能为工作与生活创造价值。如果我们拥有的社会知识多、书本知识少，直接经验无法上升到间接经验的高度，感性认知无法上升到理性认知的高度，我们就只能当实用经验的打工仔；反之，如果我们书本知识多、社会知识少，欠缺对前人间接经验的精炼、改造，不能使之成为符合时代精神、社会现实、自我发展的知识，理性知识不能切合工作与生活需求发挥鉴往知来的引导效用，则我们只能当纸上谈兵的书呆子。

企业的永续经营之道，应该综合书本知识和社会实践经验，并且能够使我们有理性的认识与感性的认同，无数企业领导者、国际级管理大师，迄今仍在这个领域汲汲探索、追求与印证。

的确如此，企业致力愿景，谋划永续经营，人才的良莠多寡关系成败。精准高效的人才战略，除了可以持续支持企业整体战略的设立与执行，更可以贯穿组织运作的任何层级，为企业创造价值。今日企业迎来全球化与本地化兼容并济的竞争环境，人才具有高度流动性，与组织、团队的互动关系高度复杂，且充满不确定性。企业的挑战，无论由内而外，还是由外而内，都是 CEO 的挑战，可谓络绎不绝：如何确保人才持续表现卓越？如何建立有共识的团队文化，且鼓励个人发挥潜力？如何在战略上协调全球统一性兼具地方特殊性？如何使用人政策维持稳定性兼具开放性？今日的 CEO 在明日的挑战可谓大矣。

CEO 最大的挑战是什么？在 CEO 的心中，或许因为核心能力的强弱、所在环境的限制、价值的选择与理想的追求，挑战各有不同。然而，我认为不外乎下列五类挑战：

- 如何决策事业愿景。
- 如何深耕企业文化。
- 如何引领组织运作。
- 如何推动绩效管理。
- 如何加速人才育成。

CEO 的贡献是什么？我们知道首席财务官（CFO）可以带来经济趋势的预测，首席营运官（COO）可以为顾客带来满意的消费，首席信息官（CIO）可以带来消费行为的洞察，首席人力资源官（CHO）可以带来忠诚高效的人才，首席产品官（CPO）可以带来物超所值的产品，至于 CEO 可以为企业带来什么，我认为，在竞争极为激烈的当下，CEO 最有成效的贡献，可以说是领导力品牌，即有效增强企业利益相关者信心的组织能力。

CEO 转型需要具备哪些条件？我同意被美国《商业周刊》誉为首席管理教育家与大师的美国密歇根大学罗斯商学院教授戴维·尤里奇（Dave Ulrich）的观点，一是能够依据企业生存与发展的战略需要设计组织、再造组织；二是具有下列核心能力：思维清晰、认识自己、忍受压力、灵活应变、言行一致和积极热情。CEO 成功转型后，更加沉稳、细致、大度，更有胆识、诚信、担当，一定能够自然而然随时展现洞察力、学习力、沟通力、意志力，扮演好四大角色：战略家、执行者、人才管理者、人力资本开发者，实时有效应对复杂多变的竞争环境。

在中国，CEO所面对的挑战、被期待的贡献、必经的转型，是相同的，而发展的路径与解决的对策却不一定相同。换句话说，我认为必须接地气，具有中国特色、有自己的DNA。

中国改革开放以来，我们归纳中国企业家成功的原因，有机遇、有努力，更多的是有信念。这些成功的信念，多半与《论语》所传述的修身方法、管理价值、人生理想不谋而合。可以说，《论语》所教、我们可学的以"仁"为中心的"忠恕之道"，开放自由、公平正义、诚信务实，可以助力我们成功修身，更是经营国家、管理企业的根本管理智慧，是现代中国企业文化的理论基础与实践方针。

孔子的领导思维如何协助解决CEO必须回答的"所面对的挑战"、"所被期待的贡献"、"所必经的转型"三大问题，从而在现代企业管理中得到成功的实践？我认为最简单的方式是，请孔子当CEO。在管理企业时要有好奇心、责任心、同理心，要有想法、有做法，这样才有机会解决我们遇到的困难和挑战。假设孔子是CEO，他可以将中国传统文化价值——王道、行仁、至善、正义、立人，以及如何修身、齐家、治国、平天下的系统化的做人做事道理，引入企业管理领域，使得企业可以脱胎换骨、永续发展，成为3G企业，即拥有好人才（Good People）、好组织（Good Organization）、好文化（Good Culture）的企业。假设孔子是CEO，他可以淬砺企业领导者的经营思维，使其在矛盾中得以寻求创造价值的最大化，完成从管理到领导力品牌的转型：有敏锐的战略眼光，又有精准的管理效率；有高昂的团队精神，又有杰出的个人表现；有前瞻的全球布局，又有务实的地方智慧；有稳健的绩效文化，又有创新的组织变革。

王道正义，利人利己永续发展

子曰："参乎！吾道一以贯之。"曾子曰："唯。"子出。门人问曰："何谓也？"曾子曰："夫子之道，忠恕而已矣！"（《论语·里仁》）

孔子说："曾参啊，有一条原则始终贯穿我一生的工作、生活与学习。"曾参回答："是的，我能够理解。"孔子离开后，孔子的其他学生询问曾参："刚才老师和你说的话是什么意思？"曾参回答："贯穿老师一生的工作、生活和学习的原则，可以总结为：敬业、宽容。"

子贡问曰："有一言而可以终身行之者乎？"子曰："其'恕'乎！己所不欲，勿施于人。"（《论语·卫灵公》）

孔子的学生子贡问老师："有哪一句话，我们可以当作一生做人做事的指南？"孔子回答："有的话，应该是'恕'！自己不喜欢、不愿意做的事，也不要强行要求他人做到。"

孔子的领导思维，可以总结为四个字：仁义忠恕。外行仁义，内蕴忠恕。仁是道，义是术；忠是道，恕是术。仁义可以视为企业文化理念的核心，忠恕则是自我的人生价值观。施行仁义的原则在于"己所欲，施于人"，对企业而言，这是一种直面员工、顾客、股东、合作伙伴的服务与承诺，以人际互动为范畴，追求共同关怀、和谐启发。忠恕也是一种自我的修炼，通过"己所不欲，勿施于人"的同理心，做好自我形象的塑造，达到自我认知、自我定位、自我成长、自我超越的目的。

行仁至善，领导团队自强不息

子曰："其身正，不令而行；其身不正，虽令不从。"（《论语·子路》）

孔子说："身为领导者，必须言行端正，以身作则，下属会学习仿效；如果自己言行不一致，以私害公，即使有明文规定，下属也不会遵守。"

子曰："为政以德，譬如北辰，居其所而众星共之。"（《论语·为政》）

孔子说："领导者治理国家、服务人民，必须崇尚良好的品德。如同北极星，坚定不移，人民将像夜空中的繁星，以领导者为中心聚拢。"

企业领导者想要做好团队建设，想要做好人才发展，必须目标明确、以身作则、适才适所、赏罚分明。这样便可以做好 CEO 最重要的五件事：决策事业愿景、深耕企业文化、引领组织运作、推动绩效管理、加速人才育成。

以德服人，助力中国梦的实践

孟子曰："以力假仁者霸，霸必有大国。以德行仁者王，王不待大。……以力服人者，非心服也，力不赡也；以德服人者，中心悦而诚服也。"（《孟子·公孙丑上》）

孟子说："以追求美好愿景为借口，利用强制性的手段（或武力）去做事，可以成功，可以成就大事业。唯有以身作则，以文化、理念、价值去沟通，方能使人心服口服。"

新加坡前总理李光耀谈及国家治理的经验时说："要不是新加坡大部分人民都受过儒家价值观的熏陶，我们是无法克服过去那些困难的。四十年的治国经验使我相信，道德、价值和伦理规范对建设一个健全稳定的社会来说是非常重要的。"原来让新加坡发展为亚洲四小龙之首的是中国传统文化。美国前总统尼克松在《1999 不战而胜》中曾说："当有一天，中国的年轻人不再相信老祖宗的教导和传统文化，美国人就不战而胜了……"原来让美国人最害怕的是中国传统文化。我在企业服务多年，对"做人要诚信，做事要务实，企业要创新"有深深的体会。领导是一种发挥影响力的艺术，可以行仁、向善、得道。任何有宏伟愿景的企业，想在中国做大做强，想在世界做精做细，一定要有强烈的使命感、正确的经营理念、好的企业文化。因此，我想请孔子当 CEO，协助我们诠释领导理念，传承管理智慧，加速中国梦的实现。

2014 年年底，我阅读成老师的《新觉醒时代》，深受启发，使我对当前政治、经济、社会、文化多领域融合的现象和趋势，有了新的认识和新的观点。"觉醒"无异于一种具有明确方向和目标的时代精神，象征着中华文化复兴以世界和平为方向，以安和乐利为目标，将有跨时代、跨文化的巨大贡献，这同时也是成老师继发扬新儒学、新新儒学之后，对人类文明发展更深刻的关怀。我认同"觉醒"是推己及人的修行功夫，因为自觉方能觉他。任何一位卓有成就的领导者，一定是一位哲学家，是一位觉者，懂得自觉和觉他。在东方、在中国，孔子是当然人选，这也是触动我去思考和写作《请孔子当 CEO》的动机。

本书得以顺利出版，我要感谢葛老师的指导、成老师的启发，感谢我的家人，感谢各界的领导、良师、益友，正因为有你们的鼓励与支持，使得我探寻 CEO 必须回答的"所面对的挑战"、"所被期待的贡献"、"所必经的转型"三大问题，对如何创建具有中国特色的领导思维与管理模式，有着日新月异的视野，有着丰富多元的发现。衷心祝愿本书有益于引发企业领导者对中国传统文化在商业领域应用的兴趣，进而总结独特经验，或创造更多学以致用和分享的机会。本人才疏学浅，谬误难免，尚祈各界不吝指正。

第 1 篇

决策事业愿景

王道， 追求永续发展的领导境界

王者，昂首挺立天地之间，幸运和巧妙地掌握天时、地利、人和的成功要素，以自身高尚的品德志向，影响他人、关怀他人，使他人心悦诚服，共同走上经营事业、人生的正途大道。

　　若领导者拥有王道的思维，则会对想做的事有强烈的使命感，对事业的发展有明确的方向，可以满怀热情地激励员工与他们同行，愿意以身作则引领团队实践共同愿景。领导者凭着真诚、良善、坚毅的人格特质，理性决策"我们为什么做"，"我们应该、能够做什么"，同时展现自信，面对"我们如何可以做得更好"的挑战，发挥专业技能，勇敢共创企业有利润、员工有发展、社会和谐的永续发展的领导境界。

领导者如果自我管理良好、
行为恰如其分，
那么即使不去命令下属，下属也愿意服从。

第 1 堂课
以身作则当表率

21 世纪是人才的世纪。企业竞争的优胜劣汰，无非以人才的智愚巧拙一较长短，当然现在与未来人才的储备数量和质量，更具有决定性的影响。阿里巴巴独霸中国电商市场，创业时发出壮志豪语：使得商人没有难做的生意。今日得以印证，所言确有几分证据。腾讯抓住科技发展趋势，善用网络效应，今日的微信在社交媒体中一枝独秀，英雄与时代两相辉映。观察两家企业的成功历程，有大胆前瞻的想法，有百年难遇的机缘，更有点石成金的团队。

一流的企业领导者总把一句话挂在嘴上：员工是我们最重要的资产。卓越的企业总能够创造有利的环境，以便做好招聘人才、培育人才、善用人才的核心工作。伟大的领导者总能够吸引人才，有效激励人才，发挥人才专长，持续将人才转变为人财，为企业创造源源不断的财富。

如何成为一位魅力型的领导者？首先，要有梦想。可以毫不犹疑地回答"我想要什么"。领导者应清楚地明白自己的追求与奋斗的方向，可以为企业、团队谋划明确的美好愿景。其次，要有自信。领导者可以信心十足地回答

"我想做什么"。当领导者可以通过语言清晰地描绘愿景时，便可以吸引团队的追随，同时展现和坚定团队实践愿景的强大信心。最后，要有方法。领导者可以务实有效地回答"我会如何做"。领导者调动团队发动巨大变革时，必须善用科学的管理方法与工具，使得员工知道要去哪儿，了解如何到达目的地，以实际行动确保到达。因为人们倾向于相信行动，有行动方能创造价值；员工不只是听领导所说的，更看重领导所做的。同时，员工也会模仿领导者的态度和行为，因为，每一个人都想要成功、想要实现梦想。

CEO 会遇到的挑战
竞争环境下 CEO 应具备什么能力？

在中国位居零售业领头羊之一的大润发，1997 年创业初期，创业团队是由一群没有量贩业经营经验的外行人组成的。有的人从基层员工做起，在卖场内从事采购、理货、上架、清洁、结账、客服等工作。2011 年，大润发在香港顺利挂牌上市，多达上百位的台籍领导，一夕之间成了亿万富翁。润泰集团（大润发是润泰旗下的零售量贩公司）董事长尹衍梁乐于与团队分享经营利润，从大润发的股权结构中，将 16％的比例分配给员工，于是大润发的董事长黄明端更是拥有百亿身价。

当初，领军的黄明端原本担任台湾润泰纺织的总经理，没有经营量贩服务业的经验，只有满腔的热血和美好的期望。尹衍梁为何会如此大胆，派任黄明端接下这项从零开始的工作任务？尹衍梁认为，肯吃苦、求上进，愿意为解决问题想破头的工作态度，是最重要的特质。"我不是说专业不重要，但是专业可以学习，更重要的是态度。"而大润发最初的创业团队，每个人都恰好拥有坚持到底、克服万难、把事情做好的态度。

天下没有卑贱的工作，只有卑贱的人格。尽管身为总裁，尹衍梁甚至愿意动手帮忙洗厕所，因为别人不愿做的事，就是一种高尚的工作，清洁工也是一种高尚的职业，因为清洁工作能为人们提供一个干净卫生的环境。我们总是希望别人给我们机会，但其实好的机会到来之前，我们应该先让自己准备好，时机成熟了便主动争取。职场中最重要的就是工作态度，肯努力上进的人，永远比态度不佳的人拥有更多的机会。"翻筋斗，让你学半年，你会不会?"尹衍梁常用这句话来勉励年轻人，只要有心，努力学习并坚持到底、永不放弃，任何专业知识和技能，总是可以学会的。

回顾过往，因为年少时的行为乖张，被人看轻、瞧不起，没有人看好，时至今日，却翻转了人生，尹衍梁总结有三点关键因素："第一是永不放弃；第二是不断追求进步；第三是绝对相信自己。"尹衍梁对大润发的发展深有信心，也鼓励年轻人进入大润发工作，而且要从基层员工做起。尹衍梁设身处地鼓励年轻人如此做的原因在于："第一，我是个很会扫地的人，甚至自豪地相信擦玻璃可以比任何人都干净，先把基本工作最到做好，未来才有机会挑战高难度的工作；第二，我愿意服务所有的人，不管是三教九流，也不管来自大江南北哪里，都可以很快建立起良好的关系，提供最好的服务；第三，我知道大润发将参与中国有史以来最好的城镇发展机会，绝对不会错过。"

孔子当 CEO 会如何做

子曰："刚、毅、木、讷，近仁。"(《论语·子路》)

孔子说："坚强、果敢、淳朴、谨慎，这四种品德都近于仁。"

子曰："其身正，不令而行；其身不正，虽令不从。"(《论语·子路》)

孔子说："如果领导者自我管理良好，行为恰如其分，即使不去命令下属，下属也愿意服从；如果领导者的行为不合乎人情事理，即使下命令要求下属，下属也不会服从。"

子曰:"苟正其身矣,于从政乎何有? 不能正其身,如正人何?"(《论语·子路》)

孔子说:"领导者如果能够端正行为,管理众人之事有什么难的? 如果不能够端正行为,如何做员工的表率?"

子张问仁于孔子。孔子曰:"能行五者于天下,为仁矣。"

"请问之。"曰:"恭,宽,信,敏,惠。恭则不侮,宽则得众,信则人任焉,敏则有功,惠则足以使人。"(《论语·阳货》)

孔子的学生子张提问:"我们如何能够过有仁德的生活?"孔子回答:"如果我们能够做好下列五件事,就可以成为有仁德的人。""请问是哪五件事?"孔子回答:"恭敬、宽厚、诚信、勤奋、聪慧。恭敬存心的人不会受人侮辱,宽厚待人的人会得到众人的拥护,诚信立身的人会得到服务的机会,勤奋做事的人会得到可观的成就,聪慧为善的人会得到他人的协助。"

我们可以学到什么

领导者的领导工作离不开团队的众智协力,因此孔子谆谆教诲,领导者必须"正己正人",先使自己品德高尚,再引导下属做该做的事。领导者具有了恭敬心、宽容心,就会展现对共同愿景坚定不移的信心,有恒心和毅力去做该做的事;领导者若能诚信律己待人,工作态度勤奋,懂得灵活应变,则能以沉稳、务实的态度去应对不同的困难和挑战,细致周全地去整合资源、带领团队前进。如此的领导者意志坚定、精神专注,于是会散发出强有力的、信心十足的、活力四射的气质;如此的领导者能够辨识、培养、善用他人的长处,于是具备卓越的领导力、整合的思考力、战略的执行力、自信的适应力、前瞻的学习力;如此的领导者能够以身作则、勤勉做事、体贴下属,于是容易成功地感动、激励团队,使下属相信有领导同在,大家有能力实现共同愿景。

领导者以身作则，有正确的价值观、思维模式、角色认同，这将是企业最大的核心竞争力，有利于做好员工管理工作，强化团队的向心力与竞争力。以身作则是成功领导者的重要特质。企业领导者通过明确的观念、行为和态度，使员工了解什么是公司的价值观、鼓励的行为，什么是公司禁止的行为，从而形成企业文化的DNA。领导者有责任去学习和改进以下五个方面：

1. 帮助提升员工绩效

企业领导者会关心："如何提高公司的整体绩效？"公司整体绩效的提升关键在于如何提高员工的绩效表现。企业可以也应该依据忠诚度、胜任度、敬业度，将员工分为A、B、C三级。A级员工具备高忠诚度、高胜任度和高敬业度，表现超出绩效标准，乐于工作；B级员工具备高忠诚度和高胜任度，敬业度略低，表现符合绩效标准；C级员工忠诚度、胜任度、敬业度都较低，表现达不到绩效标准，工作不投入、不开心。领导者应该花更多时间在选人和用人上，吸引A级员工，留住B级员工，减少C级员工。

2. 协助找出员工专长，激励员工发挥潜力

企业领导者通过科学的测评工具，发现员工的人格特质、专长以及能力短板。在日常工作的管理上，一方面，根据不同员工的人格特质，以及知识、历练、技能的成熟度，给予不同的指导、教导、辅导、督导；另一方面，相信员工有心也有能力将工作做好，尊重员工参与工作时表达的不同看法，关怀员工工作与生活的平衡和充实，员工及时有效超出期待完成工作任务时给予赞美，促使员工有意愿、有能力发挥专长，积累自己的专业技能，为公司持续创造价值。

3. 加速培育中层主管，稳健人才梯队

盖洛普机构的研究显示，影响员工表现的最大因素，在于与直属主管的互动关系。卡内基在全球协助企业进行团队培训时也发现，想要提高员工的敬业度，必须做好三件事：首先是维系员工与其直属主管的良好关系；其次是强化员工对高层主管的信任感；最后是提高员工的工作成就感。其中，中层主管扮演着关键性的承上启下的角色，企业领导者必须通过团队发展计划与个人发展计划，双管齐下，丰富中层主管的专业知识，提升中层主管的管理技能，加速中层主管的学习与成长。

4. 找问题，答案就在工作现场

企业领导者通常花了很多时间和金钱，聘请顾问，或去学习标杆企业的管理工具和组织运作模式，却忽略了行业不同、专业互异，以及企业文化各有特色，无法简单借力使力，拿来就用。企业领导者投入经营管理的过程，设立制度、精益流程、升级系统，都是领导者重要的贡献，如果只是简单复制其他企业的做法，不如反思成功企业的经营理念和价值信念是如何推动企业目标达成的，虚心检讨和分析企业经营现状的问题点，再针对问题找出适合公司的解决对策。

5. 使得员工适才适所

人才确实是稀有的，然而每一位员工皆有个别的才能，当然也有不足之处。企业领导者有责任协助员工将潜力变成能力，在职业生涯发展中的每一阶段，找到合适的岗位，持续深化专业知识，积累管理技能，为顾客创造价值。企业想跃升为世界级企业，必须使得员工有世界级的能力，此时组织会有人才发展与安置计划，员工也有追求工作成就感的意愿，企业领导者必须设计人才发展系统，定期沟通双方的期待，助力达成共同目标。

第 2 堂课
企业长青以人为本

　　企业为了在竞争中生存并永续发展，必须创造价值、赚取利润。在创造价值的过程中，最低限度除了必须第一时间满足顾客需求、承担服务顾客的责任之外，必须做好培育员工、善待员工、回馈社会、关怀自然、守护地球的相关工作。若从企业终极发展的需求而言，企业需要实实在在地善尽社会责任（Corporate Social Responsibility，CSR）。任何想要承担社会责任的企业，如何才能在经营理念、管理模式、服务流程上取得一致？一方面是有形的经营活动，企业生产产品、提供服务，以满足顾客需求，创造顾客体验的高价值；另一方面是无形的领导思维，企业赢得顾客满意、员工认同、股东支持，从企业出发，与社区共同营造安乐富足的生活圈，实现顾客、企业、环境三赢的愿景目标。

　　经营离不开管理，领导源自激励。经营的目的在于通过一连串有机的组织行为，达成组织目标；而管理的实践在于依据绩效指标、工作标准，以有限的工作资源创造超乎组织目标的最大价值。

　　日本京都陶瓷创始人稻盛和夫，同时也是 2010 年成功再造、重整日本航空业的领军人物。他在长期经营企业的过程中，一直都秉持着"敬天爱人"的理念。敬人者，人恒敬之；爱人者，人恒爱之。敬是发乎内心的一种专一谦和的精神，可以使人不自大、自满，懂得虚心学习、追求卓越；敬天，以天为榜样，有远大清明的志向、切己体察的关怀，尽一己之力，自然有为、日新有功，不会做出伤天害理的事。爱是有对象性的无限温情，无论是对自己、对他人或对万物，通过爱，可以创造出彼此感觉舒服的共生关系，成为命运的共同体。稻盛和夫相信"敬天爱人"必须融入企业文化，成为企业创新精神、服务意志的活水。企业文化具有巨大的力量，是全体员工共同的愿景、追求与梦想，企业文化激励全体员工在追求物质和精神两方面幸福的同时，愿意以一己之力为人类社会的进步和发展做出承诺、做出贡献。

CEO 会遇到的挑战

如何获得好人才、 好组织、 好文化， 使企业永续发展？

2000 年联想集团迎来关键的一年，这一年创始人柳传志 57 岁，选择退居二线，将联想一分为二，分别交棒给了杨元庆与郭为。正当外界普遍认为从此以后联想的"柳传志时代"已正式谢幕之时，又有谁想得到，老干发了新枝，甚至着花，柳传志退到了联想控股，继续发光发热，以一身之力开创了一片新天地，打造出多个"新联想"，并且使自己完成了从实业家到投资家的华丽转身。如此成就，其实源于柳传志"老骥伏枥，志在千里"的奋斗志向，以及创新求变的胆识，加上数十年如一日从未改变的恒心毅力。

"我很想做的事情，就是在退出联想的管理一线以后，继续培养人，通过我选的人把联想的基础管理思想，特别是'建班子、定战略、带队伍'三要素等内容传承下去。"柳传志如此诉说自己的交棒心情与未来想要扮演的角色。人确实是企业永续经营的根本，领导者最有贡献的工作即选对人、培养人。

"联想赖以成功的'屋顶图'——屋顶的部分包括采购、研发、生产、销售、服务，每个企业、每个行业都是不同的，但是底下的基础（机制、体制、管理理念、方法论）却是一样的。"柳传志深切体会到，企业可以长久永续发展的动因来自：创业的根基保持不变，经由好的领导者去一代传一代。

新联想的使命在于复制联想，把联想好的管理理念和管理机制以及联想成功、失败的经验教训公布，使其他公司得以借鉴，进一步把企业办得更大更好，这也是新联想积极承担社会责任的追求。

关于"建班子、定战略、带队伍"管理三要素，"建班子"指联想有一个坚强的、意志统一的领导核心；"定战略"指有指导思想地建立远、中、近期的战略目标，并制定可操作的战术步骤，分步执行；"带队伍"指通过规章制度、企业文化、激励方式，有效地调动员工的积极性，保证战略的实施。

管理中的"管"代表的是管理制度，管人、管物、管财都是非常严格的；"理"代表的是软的手段，借以理顺一个人的思想，理顺一个人的工作行为。因此，管理三要素看起来简单，做起来却不容易。其中，"人"是管理的重点，企业有了员工、有了人，就有了一切，一切从人出发。

孔子当 CEO 会如何做

子曰："为政以德，譬如北辰，居其所而众星共之。"（《论语·为政》）

孔子说："领导者治理国家、服务人民，必须崇尚良好的品德。如同北极星，坚定不移，人民将像夜空中的繁星，以领导者为中心聚拢。"

子曰："无为而治者，其舜也与！夫何为哉？恭己正南面而已矣。"（《论语·卫灵公》）

孔子说："谁能够看起来没做什么事，却能够将国家管理得好，恐怕只有帝舜一人吧？他都做了什么呢？他只是谦虚谨慎，以身作则，做好自己，去领导人民而已。"

子曰："道之以政，齐之以刑，民免而无耻；道之以德，齐之以礼，有耻且格。"（《论语·为政》）

孔子说："领导者如果依赖规章制度，去严格规范人民的行为，以维持管理秩序，当然是可以避免人民做出禁止的行为，但是，人民对于错误的行为，不会觉得心存愧疚和羞耻。相反地，领导者如果以核心价值、发展愿景、内心美好的期待，来引导人民做出正确的行为，并通过持续的教育来维持秩序，那么人民由于关注自己的形象，对于错误的行为将会有羞耻感。"

我们可以学到什么

企业经营是否可以取得成功，是否可以永续发展，领导者的自我认知很重要。孔子认为，一方面，领导者要有使命感、责任心，愿意为他人服务。另一方面，领导者要能够展现高尚的品德，有远大的理想，有坚定的信念，懂得给下属指明方向，愿意教下属方法。换句话说，领导者清楚自己的事业追求、人生追求，愿意以身作则，引领示范。如此一来，下属感受到领导者的信任、尊重与关怀，会接受团队纪律，有更高的自我要求，也会以相同的态度和行为去对待员工，使得团队组织能力从无意识的低效，逐步提升为有意识的低效、有意识的高效，最终转换成无意识的高效，可以实现无为而治。

一切从人出发。香港首富李嘉诚不止一次强调经商必须先从做人开始："我首先是一个人，再是一个商人。"领导者以人为中心，那么下属从日常的相处互动中，将会感受到领导者强烈的使命感，从而激发自身的工作动机，工作态度更专注投入，能力得到尽情发挥，也将会更专业自信，持续为团队创造出卓越的工作价值。

　　惠普公司前 CEO 凯莉·菲奥莉纳认为，领导者引领团队实践梦想，必须时时刻刻关注自我修炼，以提高自我的领导思维和管理境界。菲奥莉纳总结出自我修炼有四大境界：第一流的领导者，员工感觉不到他的存在，他却能够使组织顺利运作；第二流的领导者，受到员工敬爱，员工心服口服，不会阳奉阴违；第三流的领导者，使员工敬畏，从外在来看员工尊敬领导者，内心却感到害怕；第四流的领导者，被员工瞧不起，这样的领导者拥有权力，却遭人唾弃。如何成为第一流的领导者？企业领导者不得不反省，自己是否可以做到：在位的时候，可以达到企业经营目标；身退的时候，可以使得企业继续成长。

　　确实如此，第一流的领导者追求好还要更好的管理绩效和领导成就，懂得必须以全体员工共同的愿景为北极星，做好价值观、理念的顶层设计，努力塑造、沟通、分享、捍卫企业文化；懂得组织、驱动独一无二的经营团队；懂得通过润物细无声的企业文化、管理制度、服务系统，提升员工能力，争取员工认同，做好员工治理。如此一来，方有机会使得企业长治久安、永续发展，方有机会达到无为而无不为的领导境界。

领导者一定是有明确的使命感、
理想和人生目标追求的人，
是品格高尚、才能出众的人。

第 3 堂课
我们可以变成领导者

企业领导者有的可以自然展现与生俱来的人格魅力，有的经过持续不断的学习来发展领导力，最终成为下属愿意追随的领导者。伟大的企业领导者总能够成功做好三件事：找到人格特质、工作动机、价值观对的好员工；建立和发展高胜任力、高凝聚力的好组织；创建和宣扬好的企业文化。好的员工、好的组织、好的文化，需要有一位好的领导者在组织发展的不同阶段去追求、推动、坚持。

为了企业短期经营目标的达成、中期竞争力的巩固、长期人才发展的永续，企业必须在全体员工共同利益、共同命运的驱动下，使上至高层主管，下至每一位员工，在组织内均有公平的机会，也有不可推卸的责任，这是一位优秀的领导者应该努力驱动去实现的。通常在坚定的使命感驱动下，领导者浑身上下总是散发着积极、乐观、进取的精神，像太阳一样，洋溢着热情、活力。领导者抱着阳光心态去指挥管理团队，更有机会建立团队凝聚力和高效的组织能力。领导者的阳光心态等同于正面、乐观、积极、主动，具有十

分强大的感染力。一天之中太阳大略有三种变化，领导者的心态也有类似的
变化：

- 旭日东升——以热情带给团队希望、方向，回馈见解时理直气柔。
- 烈日当空——以激情使团队有纪律、有原则，提醒指导时理直气壮。
- 夕阳无限好——以温情理解、关怀团队成员，分享感受时理直气和。

领导者必须通过组织建立具有专业分工的团队，而组织也必须赋予领导
者管理团队的权力与责任。换句话说，领导者凭借理念、使命感、价值观，
找到一群志同道合的人，有明确的共同目标，努力追求和实践；组织因为有
明确的专业分工、协作流程、规章制度，可以促进团队成员彼此有效地合作，
共同创造出价值，实践共同愿景。

CEO 会遇到的挑战
如何发现和坚持使命，做好商业决策？

2003 年，阿里巴巴在电子商务 B2B 领域的发展已经很好了。未来怎么走
下去，马云感到很迷茫。当站在第一的位置上，往往不知道该往哪里走，因
为第二、第三可以跟着第一走，但是第一没有参照。那时的阿里巴巴凭借什
么做出一系列决定？

"爱迪生企业的使命是什么？让全世界亮起来（Light the World），从企业
CEO 到门卫，大家都知道要将自己的灯泡做亮、做好，结果现在'打遍天下
无敌手'。我们再看另一家公司——迪士尼。迪士尼公司的使命是让世界快乐
起来（Make the World Happy），所以迪士尼所有东西都是令人开开心心的，
拍的戏也都是喜剧，招的人也全是快乐的人。"马云自问自答，凭着使命感。

阿里巴巴的使命是："让天下没有难做的生意。"让客户挣钱，帮助他们
省钱，帮助他们管理员工。阿里巴巴做的任何事情都是围绕这个目标，任何

违背这个使命的事情都不去做。所以当有人很好奇地问马云："你们凭什么做出这样一个决定啊？"马云不假思索地说："凭我们的使命感，我们推出一个产品，首先考虑的是这个产品是否有利于做生意。"

阿里巴巴的公司目标由使命感所推动，有三个：第一是做 102 年的公司；第二是做世界十大网站之一；第三是"只要是商人，一定要用阿里巴巴"。

阿里巴巴为什么要做 102 年的公司？诞生于 20 世纪最后一年的阿里巴巴，如果做满 102 年，那么公司将横跨三个世纪，阿里巴巴必将是中国最伟大的公司之一。马云表示，能走多远，第一天的梦想很重要，阿里巴巴成立第一天时的目标是要走 80 年。现在又有明确的目标，要做 102 年。

很多企业为了赚钱寻找机会，而阿里巴巴为了 102 年这个目标，研究全球具有 100 多年发展历史的企业及它们的体制与机制的组织力量。体制建设、文化建设、体系建设这种组织力量的建设是阿里巴巴和其他公司最大的区别。马云表示，阿里巴巴的组织绝对不是什么电子商务 B2B，而是财务部门、运营部门、执行层面的制度建设，从员工的招聘、培训、成长，到整套的体系建设。

马云认为，赚钱是一个企业家最容易做到的事情。其实赚钱是生意，一般做生意的人分为三类：生意人、商人、企业家。生意人是所有赚钱的生意都做，商人是有所为有所不为，而企业家则能够影响社会、创造价值。阿里巴巴已经过了生意人和商人的阶段，对赚钱的兴趣并不大，阿里巴巴想做些影响社会、创造价值的事情。

马云希望电子商务帮助更多的人有就业机会，就业充分，社会就稳定，家庭就稳定，事业就有发展。在马云眼中，一个企业要承担社会责任，并把这个社会责任贯穿于工作中，阿里巴巴要承担这个责任，要推进整个社会的发展。

孔子当 CEO 会如何做

子曰："苟正其身矣，于从政乎何有？不能正其身，如正人何！"（《论语·子路》）

孔子说："领导者如果能够端正行为，管理众人之事有什么难的？如果不能够端正行为，如何做员工的表率？"

子曰："德之不修，学之不讲，闻义不能徙，不善不能改，是吾忧也。"（《论语·述而》）

孔子说："不好好修养品德，不好好讲授学问，听到应该去做的事却不能去做，言行有缺失却不能改正，这些都是我的忧虑。"

我们可以学到什么

领导者一定是有明确的使命感、理想的人生目标追求，是品格高尚、才能出众的人。至于领导者如何可以成功建立团队、管理团队？孔子重点讲一个"正"字，"正"是不偏不倚，即"中庸"。换句话说，我们在发展领导力的过程中，对待自己的思想、言语、行为，必须自觉朝"不过激"的方向去定位、去展现。对待他人时，也必须寻求彼此可接受的适当关系，如此一来，工作、学习、生活将不致发生困顿。当我们能够以身作则，待人处世维持动态发展的平衡状态，自然可以发挥领导力、影响力。美国《福布斯》杂志调研发现，当企业领导者具有下列八项关键能力时，可以成功获得团队信赖，调动团队达成目标。

1. 明确（Clarity）

领导者必须树立明确的工作目标、有清晰的工作顺序，以及高的检验标准。如此一来，可以避免员工会错意、用错力，避免导致工作结果无法满足主管期待，进而打击团队士气。

2. 一致（Consistency）

领导风格或管理技巧纵使千变万化，真正赢得人心的关键，在于领导意志的贯彻执行。团队建设是每天要做的事，领导者必须时时刻刻关注员工的工作状态，若能够偶尔打一通电话关心，或公开表扬，养成习惯，自然持续做下去，对团队忠诚度及士气的提振和维持，可能比发放高额奖金还要持久。

3. 承诺（Commitment）

通常人们愿意相信企业领导者、意见领袖或政治家，是因为看到这些人为了履行承诺而放弃了个人的利益。领导者必须言行一致，说到做到，团队才会对领导有信任感，并且有风行草偃之效。

4. 性格（Character）

领导者具备明确坚毅的人格特质，对于赢得员工的追随与信心十分重要。领导者"做对的事"，并且坚持到底，做出结果，比起为做事而做事，不在乎做得好不好，更能够获得员工信赖。领导者性格坚毅，员工便不会无所适从，做事更有成就感。

5. 贡献（Contribution）

领导者除了具备核心能力、专业能力、管理技巧外，必须能够以行动创造出高绩效。若领导者无法有显著的贡献，何以赢得众人的信服？员工期望看到领导者勇于任事，对组织做出卓有成效的贡献，这样，员工也会学习，学会打胜仗，而非纸上谈兵。

6. 职能（Competency）

领导者拥有特定专长固然重要，若有谦虚的学习态度、敏锐的洞察力、坚定的意志力，则可以在复杂多变的情况下，坚定目标、快速适应、稳健成长，员工将以领导者为学习的标杆，提高自身的专业素养，更有自信心，有意愿有能力做出承诺的绩效。

7. 人际互动（Connection）

领导者展现专业自信，激发团队使命感，全力以赴追求企业愿景时，其领导魅力如同磁铁一般，具有强大的吸引力，将使团队凝聚在一起，且有高度的信任感、责任感。领导者通过倾听、询问、表达感谢，维系温暖、友善的人际关系；员工也会彼此关怀，不批评、不抱怨、不责备，维持和谐的团队氛围。

8. 同理心（Compassion）

领导者的影响力来自同理心，"己所欲，施于人；己所不欲，勿施于人"是同理心的最佳表现。领导者与员工的互动、管理的尺度应该是合理、平等、公正的，不能够关心自我的利益超过关心员工的利益。拥有同理心的领导者会发自内心地关怀员工，员工也愿意追随这样的领导者。

愿景可以凝聚人心，
使员工在面对困境和挫折时，
不至于畏缩不前、自我怀疑。

第 4 堂课
企业经营的王道愿景

　　阿里巴巴集团当初创建时，经营团队以"让天下没有难做的生意"为使命，近年来，已在攸关人民日常工作、生活的众多领域，发展为中国最大的电子商务服务供应商。同时，阿里巴巴持续向全球最大的数据分享平台发展，不断自我创新，挑战想象极限。

　　我们不知道阿里巴巴喊开了网络世界的大门之后，长此以往是否能够如其所愿，活 102 年。可以确定的是，对于新思维、新技术、新服务的接受速度，中国企业不亚于欧美企业，它们能够快速学习、精进，务实发展，做大做强，成为世界级的企业。

　　企业在向上提升、向前奔跑的过程中，其活力、动力来自使命、任务、目标、愿景，这些必须通过全体员工的理智与意志，自觉地去参与、投入、坚持，方能逐一实现。领导者通过给企业指引明确的发展方向，建立和维护价值观，从而启发员工超越自我的进取心和企图心，鼓励员工参与企业经营，发挥主人翁的工作责任感，使命必达，取得工作成就感。

确实如此，对于处于初期发展阶段或高速成长阶段的小企业而言，生存固然很重要，但企业领导者不可忽视愿景的价值。愿景可以凝聚人心，使员工在面对困境和挫折时，不至于畏缩不前、自我怀疑。对于已经占据行业领先地位的企业而言，少了严峻的生存竞争，这些企业必须长期思索如何与时俱进，拥有一个美好、可实现的愿景，加速企业变革，从优秀到卓越。

CEO 会遇到的挑战
企业如何与时俱进， 做好生存和发展的准备？

1987 年，台湾宏碁集团创始人施振荣建立宏碁品牌，在 1992 年，启动第一次宏碁再造，提出"微笑曲线理论"（Smiling Curve Theory），提出企业应该开始思考，向高附加价值的研发专利和品牌营销发力，使企业具有强劲的研发能力和市场能力，构成核心竞争力的基础。

2000 年，宏碁集团陷入亏损，施振荣推动组织再造，执行品牌与代工分家的战略，将宏碁集团一分为三，即"宏碁集团"、"明基电通集团"、"纬创集团"三大独立事业集团，形成"泛宏碁集团"，同时提前为集团接班问题做好准备。宏碁集团由王振堂负责，核心业务转型为信息服务；明基电通集团由李焜耀领军，在光电面板领域创新产品发展；纬创集团由林宪铭挂帅，持续整合代工服务。

2011—2013 年，宏碁集团经营陷入危机，产生巨额亏损，董事长王振堂与总经理翁建仁双双请辞负责，施振荣老师亲征，接下董事长职务，并立即展开宏碁第三次再造工程。

2014 年，施振荣卸下战袍，由黄少华任董事长，转任宏碁自建云首席建构师，自许与宏碁共同迎向未来十年的挑战。

将近 40 年的创业历程，施振荣认识到，企业存在的目的，在于联合志同道合的人，使彼此有共同的使命感，各尽其职，协同合作，以完成特定的任务和目标，最终达成企业设定的愿景。施振荣通过实践行为去印证："企业领导者要照顾的利益相关者其实很少，不外乎企业的目标消费群、员工和股东，领导者必须兼顾所有利益相关者的最大共同利益，以及彼此之间的平衡，这样企业才能永续发展。"施振荣也持续推崇中华文化的"王道"精神，"王道"精神可以用来保护天下苍生的共同利益，也是服务顾客的核心能力。

孔子当 CEO 会如何做

哀公问曰："何为则民服？"孔子对曰："举直错诸枉，则民服；举枉错诸直，则民不服。"(《论语·为政》)

鲁哀公问孔子："要做什么人民才会服从管理？"孔子回答说："坚持做对的事、用对的人，放弃不对的事、不对的人，人民就会服从管理；反之，坚持做不对的事、用不对的人，放弃做对的事、用对的人，人民就不会服从管理。"

季康子问："使民敬、忠以劝，如之何？"子曰："临之以庄则敬，孝慈则忠，举善而教不能则劝。"(《论语·为政》)

鲁国的贵族季康子问孔子："想要使人民尊敬、效忠领导者，又能够彼此相互勉励，为国家利益做出贡献，应该如何做呢？"孔子回答说："以认真慎重的态度对待人民，人民将会尊敬你；使人民看到你如何孝敬父母、尊重兄长、爱护子女，人民将会效忠于你；选拔任用品德良好的人，又教育辅导能力不佳的人，则人民将会彼此相互勉励，把该做的事做好。"

我们可以学到什么

领导者如何才能取得下属心悦诚服的追随？孔子直指核心，以北极星为喻，指出若我们将北极星视为企业愿景，而愿景的实践，有待组织全体人员齐心协力，追随着领导者这颗"北极星"。一方面，领导者必须具备良好的品德修养；另一方面，企业不可缺少正确的核心价值观。此核心价值观，即为"王道"，为王之道，也是孔子一生一以贯之的思想。中国人对王道的信仰与追求由来已久，《尚书·洪范》如是描述王道："无偏无党，王道荡荡，无党无偏，王道平平，无反无侧，王道正直。"王道是不偏不倚、广大无边、正大光明的。同时，王道也是大学之道，"在明明德，在亲民，在止于至善"。换句话说，每一位领导者在追求事业发展时，首先必须明白品德的重要性，并了解团队下属的需求，然后组建有竞争力的团队，这样才可以获得卓越的绩效表现。因为，王道即领导者做人做事精益求精、修己治人的成功路径。

孟子曰："以力假仁者霸，霸必有大国。以德行仁者王……以力服人者，非心服也，力不赡也；以德服人者，中心悦而诚服也。"（《孟子·公孙丑上》）

孟子说："以追求美好愿景为借口，利用强制性的手段（或武力）去做事，可以成功，可以成就大事业。唯有以身作则，以文化、理念、价值去沟通，方能使人心服口服。"

孔子的治国愿景，借由孟子的理解与发挥，其中使用的方法、手段，包括目的，即为王道。确实如此，实践王道不可假借他人，必须领导者亲力亲为。为了扭转"其人存，则其政举；其人亡，则其政息"的组织发展困境，领导者必须进一步使王道内外皆美，"王也者，尽制者也"（《荀子·解蔽》），有好的品德价值，又有好的企业文化。

明朝的大航海家郑和七次下西洋，宣扬国威。途经西太平洋、印度洋的

30 多个国家和地区，不强占土地，不搜刮财物，这可以说是王道精神的最佳体现。国际管理学大师吉姆·柯林斯在《基业长青》中指出：百年企业有一个共同点，那就是具有振奋人心并可以协助员工在进行工作、服务顾客时做好判断和决策的"愿景"。愿景，简单而言，是企业中员工对未来发展方向及达成的目标有共识，有所成就后的图像。愿景，总是引人入胜、使人向往。发现美洲新大陆的哥伦布，以载满金银、丝绸、茶叶凯旋的愿景，取得了西班牙女王的支持，开启伟大的航海冒险。

确实，企业必须寻求永续发展，而长青不败的关键，在于能够持续领先竞争者，以物超所值的产品和服务，为顾客创造价值，使得顾客从产品和服务中，体验更美好的生活，当然，企业也必须从中获取合理的利润。

王道是指企业经营应合乎人性，应有合理和有效的管理思维、工作流程、运作制度，以持续追求尽善尽美为理想。换句话说，在王道的工作环境下，企业全体员工自然容易共同塑造、守护愿景。至于企业领导者，更是责无旁贷，必须花更多时间、精力与员工分享愿景，使员工了解、认同、追求共同愿景，企业长青自然水到渠成。

第 5 堂课

用心做好事

今日科技技术和工具十倍速翻新，人与人之间的互动、交流、学习变得更容易。在社群媒体中的每个人，可以轻易地将信息转传给很多不同的人；工作心得、生活体悟、为人所羡慕的各种创业成功事例，可以很快地在朋友圈中分享，也可以很快得到粉丝的评论、点赞。2015 年台湾邀请阿里巴巴创始人马云到台湾大学与青年学子谈创新与创业，马云认为，人才尤其是年轻人是创新与创业的关键要素，他还分享了对两岸三地年轻人的看法：香港人有国际观，懂得灵活应变，坚持度较弱；大陆人有企图心，懂得即知即行，成熟度较弱；台湾人有礼貌，思考周延细致，行动力较弱。

我们知道，人的聪明才智天生差异有限，人才是通过后天考验磨炼出来的。所以年轻人必须通过持续不断的学习、历练，才能逐步成长、成熟，进而获取成就。我们该如何判断一个人是否有潜力，是否将成为人才？5Q 是评价人才潜力的好方法：

- 智力商数（Intelligence Quotient，IQ）
- 情绪商数（Emotional Quotient，EQ）

- 逆境商数（Adversity Quotient，AQ）
- 心灵商数（Spiritual Quotient，SQ）
- 体力商数（Physical Quotient，PQ）

智商的高低影响我们对事物的理解和判断，体现为学习力的高低；情商的高低体现为我们与人沟通和互动时所展现出的同理心；逆商的高低体现为我们面对困难和挫折时所展现出的意志力；灵商的高低体现为我们在追求工作与生活的平衡时所展现出的适应力；体商的高低体现为我们有意愿和能力去做事时所展现出的执行力。

潜力人才要成为对企业卓有贡献的人才，除了企业领导者必须创造可以使员工充分发挥专长的工作环境之外，员工自己对待工作必须勤奋、认真，在工作中观察流程细节，对关键的瓶颈提出疑问、提出看法，设想如何以更高标准创造更佳绩效，并且主动咨询有经验的伙伴，为共同的目标努力实践。

CEO 会遇到的挑战
在机遇面前， 如何坚守初心？

1997 年，一位农村的孩子在母亲对知识的信仰与尊敬，以及自己的坚持和努力下，凭着对知识的追求和创业的热情，改变了自己一生的命运。新东方教育科技集团创始人俞敏洪有着青年导师的形象，当年为了进北大，两次落榜，后来靠着背熟一本英汉词典，死记历年的考题，终于迈进了大学校门。20 世纪 90 年代，中国改革开放，人人渴望成功。英语是通向世界的基本技能，俞敏洪洞察到了机会，并为想要改变自己命运的年轻人提供了一个快速学好英语的机会，从此取得了巨大的成功。

俞敏洪认为成功是可以学习和复制的，人生的金字塔只有两种动物上得去，一是雄鹰，一是蜗牛。雄鹰凭借天赋异禀，张开翅膀，很快飞了上去，我们周遭确实有许多人令人羡慕、忌妒，他们无须太过努力就可以达到成就的高峰；蜗牛只能靠日复一日慢慢爬行，才有机会到达金字塔顶端，这趟旅程绝对不会是一帆风顺的，一定会有跌倒、爬起来、前进的循环过程。蜗牛只要坚持一直爬，当在金字塔的顶端时，看到的景象与雄鹰是一样的。人的一生是奋斗的一生，俞敏洪期望自己像蜗牛一样一直爬，给自己留下一连串充满感动的日子。

新东方的事业发展绝非一帆风顺，因为对公司发展方向及上市问题、利益划分、股权机制没有达成共识，"三驾马车"（俞敏洪、徐小平、王强）2006 年终至散伙。新东方在美国上市后，企业获得了全新的发展机会，但同时也必须面对投资人严苛的经营要求。俞敏洪多次表示后悔新东方上市，就好像"你娶了一个你完全把控不住的女人一样，很难受。你爱她，但是她又不听你的话"。因为华尔街的投资人有贪婪的胃口，他们将这家来自中国的公司，当成一座取之不尽的金矿。新东方的经营目标，不应该是收入的增长、学生人数的增长，新东方追求的应该是真正为家长和学生服务、满足学生的需求、提高教育质量和品牌口碑，同时，使得新东方的员工越来越喜欢在新东方工作。无论新东方未来遇到什么问题和挑战，俞敏洪都不在乎股价，依然会从绝望中寻找希望，响应时代的召唤，坚守原则，把自己每天的平凡日子，堆积成伟大的人生，造就伟大的企业。

孔子当 CEO 会如何做

子曰："饱食终日，无所用心，难矣哉！不有博弈者乎，为之犹贤乎已。"（《论语·阳货》）

孔子说："整天吃饱喝足，对任何事物却不花心思，人生想要有所发展，很难啊。不是有赌博和围棋的游戏吗？天天下棋也比这样闲着没事强。"

我们可以学到什么

人生成败的关键，孔子简单归结出"用心"二字。人生在世，在不同的成长阶段，会有各式各样的需求，若参考美国心理学家亚伯拉罕·马斯洛的解说，人们有基于生理、安全、爱与归属、尊严、自我实现的五大类需求。如果我们想要满足需求，必须对任何事物抱持兴趣、肯用心、思考周全，我们才可以有机会快速养成核心能力。这些核心能力包括：学习力、执行力、适应力、意志力，这些能力来自我们对价值观的认同与信念，尤其是企业领导者在做人做事方面应追求尽善尽美，必须展现责任心、好奇心、同理心、企图心。

曾子曰："吾日三省吾身。为人谋而不忠乎？与朋友交而不信乎？传不习乎？"（《论语·学而》）

孔子的弟子曾参说："我们每天要从三方面反省自身言行。为他人工作，有没有敬业？与朋友互动交往，有没有守信用？学习到的新知识，有没有去实践？"

曾参回答了我们所关心的问题："我们应该在何处用心？"换句话说，在工作、学习和生活中，我们处处皆需要用心。用心是一种真诚的生命态度，因为人的生命有限，我们不应浪费时间、虚度生命。成功的企业家常说"态度决定高度"（Attitude Determines Altitude）。繁体字的"態"，上"能"下"心"，即用心激发的能力；简体字的"态"，上"太"下"心"，即心可以更大一点，涵容万物。我们除了有高度，还要有强度、广度、深度、大度。企业家精神中最宝贵的因素，在于长期坚持做对的事，全心投入找到对的方法，永远不要轻易放弃。

"有志者事竟成"，"志"者为心之所向，长时间的用心可以滴水穿石，激发领导者的潜力，快速发展领导力，对下属产生积极、正面的影响。用心可以从三大层面将领导者的潜力转换为激发团队奋进的领导力。

1. 展现领导的意志

无论是具有天赋的领导者，还是经由后天学习成就的领导者，共通点在于会从心中展现出一股意志，有意愿、有方向，通过正直、务实的态度，与下属进行系统的观念沟通、交流，以及方法、工具的指导和教导，进一步激发下属的潜能，影响下属的态度，确保下属想法与做法一致，愿意做出符合团队利益的行动。

2. 加速定向的学习

企业竞争的环境总是复杂多变的，为了强化企业的适应力与竞争力，领导者必须培养洞察力，以及处理不确定状况的能力。洞察力来自对事物保持好奇、敏感，愿意学习新的知识与技能，同时接纳他人的回馈。当企业领导者能够快速观察、分析事物变化的因果关系，联想、反推到其他事物上，并勇于自我诘问，或接受他人的质疑，反复的经验积累之后，逻辑思考能力自然更好，资源整合能力自然更佳，面对不确定因素，自然有信心运用自如。

3. 关注行为的结果

企业在追求创造、生存与发展的核心价值过程中，经营理念有的以"股东利益最大化"为优先，有的以"满足员工需求"为第一，两者出发点虽有不同，却是为了达到共同的结果——为企业创造价值、永续发展。换句话说，企业领导者必须关注经营活动的所有资源投入，必须以合理可衡量的标准与方法，实时有效评估和检视经营的成果；同时，以绩效为评估员工行为的标准，必须深入员工的心中，自然形成公司文化的特色之一。

领导者因为有智慧、
有品德， 因为勇于尝试、
勇于行动， 所以没有什么是不可能的。

第 6 堂课

发挥自信的影响力

当领导者，无论我们喜欢不喜欢，相对而言，第一必要条件是必须有人追随。下属为什么会追随领导者？领导者一定有超出常人之处，可以使下属坚定意志、升华心灵、宽慰精神、发身致富。简言之，领导者的领导力和影响力可以启发和激励追随者，找到工作的意义，彰显生存的价值，享受生活的乐趣。如何发挥领导者的影响力？如何做好领导工作？团队因为有一位胜任称职的领导，而士气高昂，能够展现乐观进取的决心以及攻无不克的气势。

犹记得苹果 i 系列产品上市时，苹果公司创始人史蒂夫·乔布斯在发布会上，话语前瞻，动作专业，流露出无比的自信，气度非凡。当然，关于苹果的故事，不是从乔布斯登台后才开始为人所熟知的，乔布斯在台下也引发人们无穷的好奇。我们可以说，乔布斯的自信已成功转移到苹果产品身上，人们也因为对代言人有信心，而相信产品有保障。

自信是天生的吗？还是后天可以培养？两者的答案都是肯定的。有的人天生容貌俊美、气质出众、能力超群，无论自觉或不自觉，大有舍我其谁的气概，自然展现领导的神采；有的人资质平庸，通过努力刻苦学习，累积专业知识，成为特定领域的专家，做事沉稳细致。领导的自信必须对组织、团队有正向的引导，给方向、教方法，使得组织有共同的愿景追求，知道为什么做，并且有正确有效的执行步骤，知道如何做才能达到目标。

CEO 会遇到的挑战

困难一定有，如何相信自己，勇往直前？

1994 年，王中军在美国获得传播硕士学位，从美国回到中国，以 10 万美元起家，与弟弟王中磊共同创办了华谊广告公司。15 年后，这家广告公司变成了首家在创业板上市的娱乐公司，上市当天，王中军拥有超过 30 亿元人民币的财富，被人称为"民营娱乐教父"，是马云眼中中国最懒的 CEO。若被问到华谊兄弟成功的秘密？王中军总是简单地总结为"运气"，而其中的艰辛，只有当事人自己清楚。

2005 年，华谊兄弟出现了危机，总裁王京花选择离开，一线明星如陈道明、胡军、佟大为、夏雨等跟随王京花离开。向来艺人是影视公司的根柢，大量艺人的离开，确实使王中军措手不及。同时，也促使王中军思考，如果人才流失是无法避免的现象，如何降低流失率？于是，王中军下定决心开始着手建立娱乐业的完整产业链条。

电影导演、监制、演员，总会要求有更好的剧本及好的合作对象，通常会不计成本地把作品拍到完美；娱乐公司背负着投资者、资金、员工压力，以及影迷的期待，总会要求导演赶快拍完片，尽早上映赚钱。电影的艺术创造与娱乐工业化的商业逻辑，彼此产生的内在矛盾，更加坚定了王中军的信念，企业组织必须变革、转型，在保证产品与服务质量的同时，能够加速前进。因此，华谊兄弟进行了去电影化、国际化的新市场布局。"我觉得我们一定要在这里边走出一条路来。迪士尼走到今天确实很成功，但如果它只拍电影，就一定不会成为今天的迪士尼。"王中军如此说。同样地，华谊兄弟不拍电影一定不是华谊兄弟，但是华谊兄弟只拍电影更不是华谊兄弟。

如何使投资人、公众相信华谊兄弟进入新行业，也将取得成功？王中军充满自信："假如现在我们转型做中国的电影主题公园，会有很多人说在中国主题公园 70％ 都不赚钱。而我会说，那就对了，这个行业可能不会全赚钱，但华谊兄弟做就保证赚钱，这才是品牌的价值和管理能力的体现。为什么你是华谊兄弟？因为你赚钱才是华谊兄弟。"

孔子当 CEO 会如何做

有子曰："信近于义，言可复也。恭近于礼，远耻辱也。因不失其亲，亦可宗也。"（《论语·学而》）

孔子的学生有子说："如果在正确合理的能力范围内做出承诺，人们就能够信守诺言；如果在合理尊重的互动情境中谨慎谦虚，人们就能够远离耻辱。与值得交往的人交朋友，人们就能够信赖朋友。"

子曰："天生德于予，桓魋其如予何？"（《论语·述而》）

孔子说："上天赐给我道德和智慧的力量，桓魋能把我怎么样呢？"

樊迟问知。子曰："务民之义，敬鬼神而远之，可谓知矣。"问仁，曰："仁者先难而后获，可谓仁矣。"（《论语·雍也》）

樊迟问孔子如何算是有智慧，孔子回答："尽力做有利于人民的事，尊敬鬼神却不迷信，如此算是有智慧。"樊迟又问如何算是有仁德，孔子回答："有仁德的人会率先去做困难的事，若论功行赏，则愿意排在最后，如此算是有仁德了。"

子路宿于石门。晨门曰："奚自？"子路曰："自孔氏。"曰："是知其不可而为之者与？"（《论语·宪问》）

子路在鲁国都城的外门过夜。早晨开城门的人问："你从哪里来？"子路回答："从孔子。"早晨开城门的人说："是那位明知做不到却还要去做的人吗？"

我们可以学到什么

传道、授业、解惑是孔子一生"学不厌、教不倦"的伟大行谊，在教育学生时，孔子因材施教，态度有教无类，也会对上智与下愚或不愤、不悱、举一隅不以三隅反的学生，先顺其自然，再循循善诱。孔子因为内心有一股积极向善的力量，对人生有真诚的期待，因此能够"发愤忘食，乐以忘忧"，期勉自己时时刻刻去行仁，忠恕孝悌、诚信正义、敬天爱人，到了"不知老之将至"的境界。

人为何能够拥有自信？首先，因为人是与生俱来的道德主体，是自我行为的主宰；其次，因为人对生活有美好的愿望和追求；再次，因为人会犯错，又懂得自省，然后改过向善；最后，只有不迷失在成功的经验中，将失败转化为经验，应对层出不穷的挑战，人才会成功。在成功领导者的身上，自信是一种心态加上气质，是以自律为内涵的从容不迫。换句话说，领导者利用自律，用心专注于可改变的事物，促进自我成长；同时，持续向成功者学习，为善去恶改变气质，自我和团队同命运，方得成功。

观看孔子的一生，有旺盛的企图心，有强大的执行力，而其自信，来自"逝者如斯"的生命感悟，以及"为仁由己"的生活历练。《圣经》有言："因我们行事为人，是凭着信心，不是凭着眼见。"孔子立身处世，确实凭恃所信守的价值、所认同的使命、所拥有的智慧，服务人民、教化天下，最终成就道德伟业，成为中华民族的至圣先师。国际知名的社群媒体脸书（Facebook）张贴在办公室内的座右铭是："行动，胜过任何美好的想象。"（Doing is better than perfect.）确实如此，有自信的企业领导者，可以做到"轻财足以聚人，律己足以服人，量宽足以得人，身先足以率人"。此外，企业领导者因为内心强大，因为有智慧、有品德，因为勇于尝试、勇于行动，没有什么是不可能的。领导者凭着信心和眼光，去领导团队，一定能够使团队安心稳健，激发"有为者亦若是"的壮志，一定能够顺利走出生存和发展的困境，创造和掌握腾飞的契机，达到共同梦想的愿景。

会思考是人的天赋，也是我们做人容易成功、做事容易顺利的保证。

第 7 堂课
思路决定出路

近十年来，互联网、QQ、微博、微信、电子商务、云端服务等新科技的发展超出我们的想象。互联网在未来仍有无限发展的可能，确实使我们体会到，科技来自人性。我们希望在科技的协助下，工作做得更快、更多、更好，生活更丰富、有趣，我们有更多的时间去做对人生更有意义与价值的事。

这是最好的时代，也是最坏的时代。好在信息无国界，我们容易取得信息，甚至无须付费；坏在信息超载，真假难辨，我们的注意力容易失焦，人容易变得浮躁、冒进。有前瞻性的企业领导者，总是在想：企业为什么必须善用科技？企业可以善用科技做什么？为了创造顾客，在全球竞争下生存，取得永续发展，企业必须拥抱科技。企业可以通过接地气的行动，改进当地顾客的消费体验，提高产品和服务的价值。当企业缺少明确的发展愿景时，必须思考何去何从；当企业有共同的目标追求时，必须思考如何做事有效率（Efficiency）、效益（Effectiveness）。换句话说，从现在到未来，思路决定出路，没有做不到，只怕想不到。

苹果公司创始人史蒂夫·乔布斯以创意极致、团队严明享誉世界，曾说："如果可以当海盗的话，为何要加入海军？"这句话说明乔布斯不断地思考：科技趋势、市场竞争、消费形态如何变化？如何以无比的创意热情，打破条条框框，开创唯我独尊的新天地？这也使我们了解到，乔布斯的领导艺术在于恰当地融合创新与体验。

创新是以创意结合原则为基础，通过品牌营销新产品、新服务，以达到经济规模；体验是以顾客需求为导向，关注核心服务所产生的顾客使用经验，员工对顾客体验负全责，绝不放过任何细节。换句话说，苹果 i 系列产品与服务，是为了替顾客（含员工）创新生活和工作意义。创新由科技触动，体验出自人文关怀，而两者的结合不仅仅满足了顾客需求，而且成功创造了顾客需求。"我们能打造出这样的产品，是因为努力融合了科技和人文。"乔布斯的周全思考，为苹果打造了经营的新境界，顺利赢得了市场。

CEO 会遇到的挑战
巩固旧市场还是投入新市场？

"中华电信"是台湾地区最大的固网电信、数据通信及移动电信民营企业。2000 年年初，适逢互联网风起云涌之时，各家公司的经营目标以冲刺会员数和流量为主，拼命烧钱，圈人圈量，不在乎今天不赚钱。因为市场占有率高、规模大，"中华电信"通过结盟、合作，依循市场趋势，顺势扩大原有数据通信、固网通信等服务，获利表现良好。此时，同为三甲的电信运营商台湾大哥大、远传电信，正加大投资力度，建设通信基地台，改善通信质量，扩张服务门店，以更低的话费促销，联合抢夺"中华电信"庞大的客户群。面对竞争对手的挑战，"中华电信"经营团队有主战派的人，主张价格跟随，拉长战线，不轻易流失客户，甚至能够抢回客户；主和派的人认为，"中华电信"是行业的领头羊，应该坚守价格线，不陷入价格红海，反而应加速升级通信技术，巩固市场，提升服务品质，为客户的消费体验增值。

时任"中华电信"董事长的毛治国认为，企业为追求永续发展，必须为明天做好布局，"中华电信"应该主动进行行业服务创新，如推出数字电视、多媒体内容传输平台，以及便利消费者的互动应用服务，摆脱竞争对手的价格战，引导行业良性竞争发展。

毛治国强调，企业领导者必须具备"见、识、谋、断"的决策力。"见"指的是根据环境变化和出现的问题，引发注意，同时确立问题在意识范畴的认知过程；"识"指的是根据发现的问题，进行信息收集、分析、判断、解读，以找到问题的本质；"谋"指的是针对找到的问题进行思考，提出解决方案与对策；"断"指的是评估可行方案之间的优缺点、风险和成效，然后做出决策，贯彻执行。"见、识、谋、断"是实行科学决策的步骤，是合理的管理逻辑，若以管理循环的 PDCA（Plan，Do，Check，Action）来看，"见"、"识"、"谋"分别为"断"的前置准备工作，也就是策略与计划。企业领导者除了心中有发展蓝图之外，还必须有系统化的思维模式，从时间变化、因果关系、焦点顾客、主要利益相关人的感受或意见及经验进行综合利弊分析，全局思考判断，如此一来，决策会更合理，任何宏图都会有更佳的机会，更容易通过市场的考验，取得顾客的满意。

孔子当 CEO 会如何做

孔子曰："君子有九思：视思明，听思聪，色思温，貌思恭，言思忠，事思敬，疑思问，忿思难，见得思义。"（《论语·季氏》）

孔子说："有德行的人需要思考下列九种状况：观察的时候，要思考是否看得清楚；倾听的时候，要思考是否听得明白；自己的脸色，要思考是否保持温和；自己的行为，要思考是否谦虚有礼；谈话的时候，要思考是否真诚恳切；做事的时候，要思考是否周全细致；疑难的时候，要思考是否请教他人；愤怒的时候，要思考是否得罪他人；获益的时候，要思考是否符合道义。"

我们可以学到什么

企业经营环境千变万化，利益相关人的需求各不相同，企业领导者想要做出正确的决策，想要确保创造出顾客满意的价值，使企业立于不败之地，必须依赖全局统观的思考能力。我们如何能够快速培养出系统化的思考能力？孔子提出的九思，是在人与人的互动中掌握动机与需求、表里精粗的 360°立体战略思维；也是从人我群己的关系、人与组织的动态关联中，寻求相互理解、建立相互支持的机制。

毫无疑问，领导者应思虑周全，带领下属形成共同的目标，配备好的团队。面对市场竞争，攻击是最好的防卫。创新服务是突破现状的最佳战略，创新要具有前瞻性与开拓性，也是承诺顾客更优质服务的有效方法。换句话说，推出新产品、新服务时，首先，观察市场趋势，有哪些竞争产品，发现顾客潜在需求或问题；然后，辨别问题的因果关系，以及满足顾客需求的标准为何；再者，汇集产品开发团队的创意与技术，提出满足顾客需求的方案，同时设定市场经营的目标；最后，确定目标与商品或服务形态，快速落实执行，抢夺市场先机。

企业创立的目的在于创造顾客满意的价值，以及获取合理的利润，利润的获得来自各种生产资源的投入及有效整合，包括原料、设备、人力、场地、环境、法律等，其中人力资源是最为重要的资源，有了全体员工的投入工作，才能创造产品与服务，使顾客满意，为企业创造利润，善尽社会责任。企业必须做好合理的资源分配与整合，使得合理的投入有合理的产出，劳有所得、多劳多得，达成结果公平与分配公平。企业领导者善用九思的全面思考，有助于突破习惯的思维模式，彰显五大战略思维特色：

- 互利共享。
- 合法且符合社会规范。
- 公平且符合对方期望。
- 正确且符合内心感受。
- 促进持续发展，能够薪传久远。

人一思考，上帝会微笑还是摇头，我们不得而知。愚者千虑，终有一得。会思考是人的天赋，也是我们做人成功、做事顺利的保证。运筹帷幄之中，决胜千里之外，此处之意，企业领导者必须深入玩味。

第 8 堂课

正确的战略思维

服务业进入互联网、物联网时代，随着商业模式的改变、消费体验的优化，速度成为赢得更多顾客、与同行竞争的法宝。速度，或简称"快"，其重要性源自时间的稀缺性，因为人们希望用更少的时间做更多的事，或得到更满意的消费体验。因此，企业可以将"快"当作想要创造的价值，以及组织运作、产品设计、服务流程的战略思维。

为把握电子商务、快递等新业态的发展机遇，国家政府力行中央"简政放权"，使地方更有活力与弹性，发挥集体智能，实时反馈各界人民群众的需求，主动创造更多服务人民的价值。"简政放权"不是只有"放"，不去"管"，是要精简，领导者以专一专注、谦虚包容的态度，聚焦顾客需求，做好服务。另外，必须谨慎使用手上的权力，更有效率和效益地去整合资源、创造价值。这样，组织服务系统更加健全，组织运作规范更加严明，领导者可以在"放"与"管"之间取得平衡。

流程优化、管理简化，可以节省时间，使人们感觉简单、易懂、好执行；

至于是否会同步节省成本，却不好说，因为质量出于商业选择，也可是设计、管理出来的。美国摩托罗拉、通用电气、德州仪器等公司致力于推动六西格玛（Six Sigma）管理，借由定义（Define）、度量（Measure）、分析（Analyze）、改善（Improve）及控制（Control）的过程，设定高绩效目标、收集数据、分析结果，减少生产过程的缺陷，使得顾客享受高质量的产品和服务。时间与成本之间的平衡，同样是一种战略思维。换句话说，战略关乎一件事做与不做，战略思维关乎一件事做与不做是否有深远的影响，即思考是否能够掌握转型的契机，是否能够避免系统性的风险。

CEO 会遇到的挑战
如何走自己的路， 为企业眺望远方？

2005 年中国有 5 000 多家水泥企业，排在前十名的公司产量总和只占总量的 10%，对照欧美发达国家，前十名的公司产量总和超过 60%，中国水泥业必须持续改变产业集中度低的现状。中国建材公司总经理宋志平看到了机会，开始疯狂收购，并重组了 900 多家企业，成为名副其实的"水泥大王"。对于收购的商机与风险，宋志平认为："做一场收购，你的目标实际上是增加集中度，进而通过稳定价格获取利润，那么随之而来的风险就是，如果你这个收购完不成，不能达到预先追求的那个集中度，就会影响市场。为了避免因此产生的后果，就要讲究兵贵神速，迅速解决问题，反之就会增加收购成本，或者有其他区域被其他竞争对手抢走，到时候问题就更大了。"

宋志平收购的战役很多，最值得一提的经典案例是收购徐州海螺水泥公司。徐州海螺实力雄厚，当时拥有万吨生产线，这样的生产线全球仅有七条。中国建材与徐州海螺在市场上是竞争对手，一家占据长江以南，一家占据长江以北，呈现"划江而治"的态势。为了争夺市场，它们展开激烈的价格战，导致彼此亏损严重。危急之时，徐州海螺反而占了上风，若再加一把劲，就可能将中国建材彻底打垮。宋志平抱持"天下没有不能做的生意，关键是条件"的想法，给对方开了优厚条件，使对方赚到眼前的钱，自己赚到长远的钱，创造了双赢局面。事实证明，宋志平战略正确，成功联合重组，囊括了江北市场，确立了领头羊的地位。

由于中国建材是央企，央企收购大量民企，引发了媒体关注，质疑之声不绝于耳：堂堂央企给民企打工了吗？找民企，没有好处会去吗？收购民企是在欺负民企，不等于国进民退吗？宋志平承受了极大的压力，因为相信，为了生存，国企必须引进社会资本，必须与民企合作。尽管有人批评，宋志平依然坚定走自己的路。2009 年美国哈佛大学商学院将"中国建材：推动中国水泥产业发展"，作为"战略管理"的案例，选入了案例库。

孔子当 CEO 会如何做

仲弓问子桑伯子，子曰："可也，简。"仲弓曰："居敬而行简，以临其民，不亦可乎？居简而行简，无乃大简乎？"子曰："雍之言然。"（《论语·雍也》）

孔子的学生仲弓请教孔子对当代名人子桑伯子的看法，孔子回答："我认为他不错，是一位朴实专注的人。"仲弓说："对自我要求高，做事专注果决，用这样的态度去治理国家，不是可以吗？若对自我要求低，做事也马马虎虎，不是变成太随意不用心了吗？"孔子回答："是的，你说得对。"

我们可以学到什么

关于领导国家、组织的战略思维，孔子指出，必须有"敬"有"简"，也不能够太简，并且言行必须一致，方能治理好国家、管理好人民。"敬"是指对己用心专注，对人心存关爱，对事谨慎细心；"简"是指对己自律严明，对人宽厚包容，对事聚焦明快。"敬"与"简"两者相较，"敬"更重要的是从内心引发动力，对自己有严格的要求，懂得自律。换句话说，领导者想使企业永续发展，在战略思维上，一定要专注，有明确的纪律原则，同时要把握住创新的时机。因为，任何一家伟大的百年企业，不是单靠时势所造就的，而是靠运筹帷幄的选择，更是坚持纪律的结果。

国际管理大师吉姆·柯林斯 1994 年出版《基业长青》，2001 年出版《从优秀到卓越》，2009 年出版《再造卓越》，2013 年出版《选择卓越》，持续运用"对照分析法"，解析"领导的艺术"、"管理的方法"，得出宝贵的制胜密码。柯林斯认为，企业想要做到十倍胜，领导者必须关注与做好三件事。

1. 狂热的纪律 (Fanatic Discipline)

核心团队对于企业愿景有共识，有强烈的使命感和热情去追求、去实践。为了务实达成共同目标，团队必须有严明的纪律，行动必须一致有效。纪律是指行动和价值观、长期目标、做事方法一致，不会对突发事件过度反应，不会盲目地人云亦云。换句话说，当团队有了共同的奋斗目标，在自律的意识下，团队成员将会持续不断地贡献自我的专长，彼此优势互补，形成组织的核心竞争力。

2. 实证的创新 (Empirical Creativity)

创新想法的提出，一是基于创造新的服务体验；二是基于提升现有的服务质量。因此，创新必须有从系统化的想法到使其落地的可能，并且最好被证明已落地。为了降低风险，提高创新的成功率，可以先行试验，在可控的环境和有保证的资源下，按计划执行。唯有被证实可行的创新，才能转换成有商业结果的创新，方才是顾客可以体验到的满意的创新。

3. 建设性的危机感 (Productive Paranoia)

创新的思维模式，一般包括无中生有、整合综效、精益求精三种。创新的目的在于建设，当然，也会同时破坏现状，以利进行有效有机的重组重建。因此，领导者在推动创新求变时，必须有如履薄冰的危机感，发挥 20 英里行军 (20 Mile March) 的精神：设立目标，充分准备，每天行军 20 英里路，不多走，也不少走，每天用稳定的步伐前进。

第 2 篇

深耕企业文化

行仁，唤醒自强不息的内心巨人

    以人生追求、社会规范、对方期待、宗教信仰为思想和行动的标准，日复一日，自己做主去自我设计、自我学习、自我完善，从而认识自己、成就自己，进而培养和展现爱人的能力，关怀社会、服务人民。

    领导者由于拥有使命感，拥有远大的梦想和抱负，有热情、有动力，能够以身作则，并且通过沟通、分享，使员工拥有正确的价值观、工作态度、服务行为。企业团队如同传统大家族，有家规、家教，一言一行自然展现出共同的文化气质、品牌烙印和团队精神。

企业目标是创造快乐的顾客、
获取丰厚的利润，
进而企业得以永续经营。

第 9 堂课

得人心者得天下

世界是平的。是谁使得我们的世界变得大同？或者说，是谁使得人尽其才、地尽其利、物尽其用、货畅其流？网络，使得一切成为可能，或者说正在加速发生。网络的思维是什么？简言之，就是利用信息平台，使得更多的顾客、粉丝有更多选择与机会去体验，并依据体验的感受，做出自我的评价。

阿里巴巴集团创始人马云曾说：要让世界没有难做的生意。生意难做的问题，说多不多，说少不少，资金、技术、人才、市场、法律、管理等不一而足。通过日益精进的科技，信息平台容易打造。如何吸引更多的顾客、粉丝去参与并给予回馈？是企业领导者必须想清楚、必须做到的大事。换言之，关键在于我们必须懂得人心、赢得人心。

美国西南航空公司的创始人贺伯·凯莱尔总是喜欢说："我们把员工放在第一位。因为，员工快乐了，我们会拥有快乐的顾客，而如果我们拥有很多快乐的顾客，股东也会很快乐。"换句话说，西南航空的整体经营理念、决策、企业文化和核心价值观，是以员工为导向，并非倾向于股东价值决定一切。西南航空说到做到，保障员工享有工作的稳定性。当"9·11"事件发生后，国际航空业面临巨大冲击。多数企业为了节省成本，直接裁员、减薪。西南航空高层有共识："西南航空营运 30 年来，从未裁员，现在也不会。"员工深受感动，主动集体组织了"献出你的爱"的活动，每人捐出了 32 小时的报酬。由于员工共体时艰、坚守岗位，西南航空在一年内恢复了经营元气，从此稳健获利。

赢得人心对组织运作与企业发展的帮助，美国西南航空深有体会，也因为员工关怀做得好，企业获利一路长红，成为标杆企业。吸引人才、赢得人心，可以说是企业文化的创建或重建工程，必须有一套理想高远、务实可行的想法和做法，对企业领导者而言，今天做不好，明天来不及，后天会后悔。

CEO 会遇到的挑战
如何塑造与时俱进的企业文化?

1992 年，来自台湾的康师傅进军大陆市场。康师傅集团创始人魏应州认为，学好孔孟，我们便会理解并认同内心向善向上的力量，有利于我们从善如流，追求人生与事业的真善美。在食品行业中，康师傅集团结合民族文化和现代意识，发展出具有民族特色的企业文化，使员工万众一心，步调一致，以强大的团队向心力，群策群力，取得了行业的领先地位。

康师傅的企业文化，以价值与理念为核心，由使命所推动，是实现共同愿景最有效的、激励人心的战略系统。

康师傅的核心价值观是三个字：勤、廉、能。"勤"是中国人的传统美德，是一种工作态度，指康师傅人能保持热忱，努力不懈地投入到每天所面对的大小挑战中，不仅要追求效率与卓越，而且要勇于超越，换句话说，康师傅人能干、肯干、愿意干，快速反应、科学合作、吃苦耐劳、积极负责，比他人更努力，以勤补拙，经得起磨炼，当时间的追梦者，不当时间的守卫者。"廉"是"廉洁奉公"，是一种品德与操守，指康师傅人诚实自律，勇于承担，在互相尊重的基础上展现清白磊落的行为方式，换句话说，康师傅人遵纪守法、互相尊重、正直廉洁、兢兢业业，有道德操守，能够诚实面对自己，清清白白做事，在他人看不到的地方也能够保持自律。"能"是才能、技能，是一种专业能力，指康师傅人能做到知行合一，积极采取行动，并在过程中善用团队的力量，追求更佳的成效及更高、更远的目标，换句话说，康师傅人专业精湛、追求绩效、善于协作，公司重视人才培育。员工能够在岗位上发挥自己的专长，公司也通过教育培训体系帮助员工学习，做好经验传承。

康师傅的理念是诚信、务实、创新。做人要诚信，真诚相待、信守承诺；做事要务实，实事求是、精准踏实；企业要创新，突破现状、创造价值。

康师傅的使命是弘扬中华饮食文化，涵盖了三大主轴：萃取传统饮食的精髓、宣扬新派饮食的理念、创造健康饮食的价值。

康师傅的愿景是成为受尊崇的企业，康师傅人在每天的工作中保持中国人的情怀，与时俱进、洞察机先、创造价值。努力追求创造五大满意：员工满意、社会满意、伙伴满意、消费者满意、股东满意。

康师傅的战略方针是前瞻的思维、科学的方法、重绩效的文化、和谐的团队。

面对任何挑战，康师傅人都在高度、广度、用心度三个面向上展现出前瞻性，用更广的视野与细腻的思维来从容应对，并做出适当的决策。康师傅人善于 PDCA，将这套简单但逻辑思维严谨的科学方法作为共同使用的工作工具。康师傅人从不吝惜在人、事、物三个层面展现出渴望取得卓越绩效的企图心，并努力付诸行动。康师傅人崇尚家和万事兴，从自我做起，扩及人我之间，并将整个组织的目标作为最高的指导原则，实现共荣共赢。

孔子当 CEO 会如何做

子贡问曰:"有一言而可以终身行之者乎?"子曰:"其'恕'乎!己所不欲,勿施于人。"(《论语·卫灵公》)

孔子的弟子子贡问老师:"有哪一句话,我们可以当作一生为人处世的座右铭?"孔子回答:"应该是'恕',自己不喜欢的,也不要强迫他人。"

我们可以学到什么

企业领导者想要有更好的产品和服务,以取得更大的市场、做更多的生意,首先必须征服股东的心、员工的心、顾客的心。如何洞察顾客的需求?如何体贴员工的感受?如何满足股东的期望?孔子直言,领导者可以奉行"恕道"。"恕",可以说是很好的做人做事的关键绩效指标(KPI)。"恕",上如下心,使他人与自己的心意一致,使自己与他人心念相通。换言之,企业领导者若能够理解员工心中所想,理解员工内心的渴望,则可以使员工通过自我激励,充满工作活力和服务精神地快乐工作。当员工能够用心做事、服务顾客,顾客便能感受到服务的热忱,体验产品的好处,顾客也将乐于消费。快乐的员工创造快乐的顾客,企业也将获取丰厚的利润,经营得以永续,这样,股东也将乐于投资。

想要懂得人心、赢得人心,企业领导者对于企业文化的建设、传播与坚持责无旁贷。简单说,企业文化指的是企业内上下一致认可的、清楚明白的价值体系,以及愿意遵守的行为规范。在国际级企业中,人才来自全球各地,拥有不同的文化背景,企业文化的设计更加复杂。荷兰籍文化研究学者吉尔特·霍夫斯达德与 IBM 公司合作,比较了来自不同国家的员工在五个人际互动的维度中可能展现出的不同行为和态度。他的研究成果可以作为企业领导者设计和发展企业文化的重要参考。

1. 权力距离（Power Distance）

在正式组织中，德国人、荷兰人、美国人对上下级关系较不敏感，彼此互动时较亲近，多互相叫名字，不称呼头衔；法国人、印度尼西亚人、俄罗斯人、中国人对领导显得更加尊敬，彼此保持一定的心理距离，多以头衔尊称对方。

2. 个人主义（Individualism）

美国人崇尚个人独立自由，喜欢特立独行，积极表现自我的存在价值，不过分在意他人的眼光与评价；亚洲人，特别是中国人和日本人信奉团体价值，遵守规范，多愿意为了大多数人的利益牺牲小我。

3. 男性化/女性化（Masculinity/Femininity）

日本人、韩国人、沙特阿拉伯人、墨西哥人有大男子主义倾向，行事作为冲动、果断，荷兰人多温和、谦逊，包容性高。

4. 对不确定性的避免（Uncertainty Avoidance）

日本人、法国人、俄罗斯人做事思前想后，相对谨慎保守；美国人则多愿意为了实现理想去冒险。

5. 长期趋势考虑（Long-term Orientation）

中国人做人做事多会往远处想，避免因小失大；美国人、法国人、俄罗斯人则多半看重眼前的得失。

清朝名臣曾国藩不但善于看人，更善于得人。曾国藩的得人之术，建立在看人的基础上，先将人分为上中下等，然后针对下等人用钱攻心，中等人用权攻心，上等人用情攻心。领导者将钱和权当作激励员工的管理工具，在多数情况下，也能够达到一定的效果；然而，若想深得人心，在用钱、用权的同时，也应该对关键骨干用情，去理解、关怀、包容、教导和要求，更容易达到《孙子兵法》所说的"上下同欲者胜"的境界。用情，即同理心，"己所不欲勿施于人，己所欲施于人"，对员工有用，对顾客也有用，这也是"恕"的表现。

"恕"可以说是得天下人心、得人的一字诀，却知易行难。企业领导者必须把服务的对象当作自己的需求，持续通过行动去体会员工、顾客的感受，去体验员工、顾客的感动。当领导的行为可以感动员工，员工会工作更加主动、投入，服务更有热忱，一定可以使顾客心动，一传十、十传百，吸引更多顾客，如此一来，企业拥有顾客的长期信赖，企业必将长青。

轻财足以聚人，律己足以服人，
量宽足以得人，身先足以率人。

第 10 堂课
品德是最好的名片

人的天性差异不大，因为后天的教养方式、生活环境、工作形态、社会地位等不同，自然在人生道路的发展上，各自有不同的悲喜。有的人没有自觉，对自己不负责任，将在生活中遇到的挫折、打击，怪罪于命运，自己无能为力，成为社会的包袱；有的人志向高远，勤奋努力，善用有限的资源，克服生命中的种种困难、险阻，把不可能变成可能，把自己变成更好的人，最终成就自己也成就他人。

我们看到，任何一位成功的企业家，纵使受限于各自天生的资质聪愚、资源多寡，无一不具有改变世界的梦想，为了他人的幸福、为了自我的实现，经历艰苦卓绝的奋斗，加上运气的眷顾，最终成就一番事业。

关于企业领导者成功的因素，有人归结于天纵英才，加上能够掌握时势所趋；有人推断是坚定的使命感，以及协调众人的核心能力。使命感可以说是人理解自己人生目的与生命意义后的自觉追求。使命感会借由热情、动机、能力、良知四大因素共同体现，其中良知是我们为人处世的基本标准，以品德为依归。人有良知，则可以知善知恶，可以为善去恶。孔子认为"性相近，习相远"，人的天性彼此差异不大，而后天的实践会造成德性的高低优劣，以及人生的顺舛福祸。确实，人有良知是天性，我们在成长的过程中，认识自己的天性，识别自己的天赋，对焦自己的天职，如此一来，我们以良知作为生存的指南，我们的生活将会有明确的方向感，生命将会有充实的意义感，我们更有机会实现自我，对人类文明做出贡献。品德是良知的具体实践，若套用宋朝儒学大师朱熹的话，品德是"心之德，爱之理"，我们的心之所向、心之所得，是我们与他人创建适当关系以及彼此行为互动的合理化基础；品德是立身行仁的根基，有志当好领导的人必须妥善涵养、推己及人。

CEO 会遇到的挑战
利润第一还是办良心事业？

从 2005 年开始，万达集团设定的企业愿景为"国际万达，百年企业"，文化建设的重点在于追求卓越。王健林曾多次阐述此一追求，并且剖析对"国际万达"的理解，包括企业规模、企业管理、企业文化。首先，企业经营的规模要达到国际级，不能营业收入只有几十亿元，连名列中国企业 500 强都有困难，更不用说号称国际级。其次，企业管理要达到国际级，企业发展好不好，管理水平很重要，要有好的人才与团队，运用务实的管理工具，完善制度和系统。最后，企业文化要达到国际级，企业文化会随着企业的发展而演进，目标、愿景有更大更高的追求，与时俱进，不断提升。至于"百年企业"，含义是追求基业长青。依据国际研究机构的研究，依据发展时间长短对企业分类，存在 10 年以下的企业称为短寿企业，10～30 年的企业称为中寿企业，30 年以上的企业称为长寿企业。万达追求的是比长寿更辉煌的百年企业，是企业长青的最高层次。

　　如何实践"国际万达，百年企业"的追求？王健林认为，万达和世界一流企业一样，创始之初即有远大理想的 DNA，并通过具体的行动去证明和坚持。王健林表示，万达因为坚守诚信而做了不少"傻事"，万达品牌是逐步打造出来的。

　　第一件傻事，主动增加成本。

　　1990 年，万达有机会开发大连民政街小区。当时国家的建筑质量有五个级别：国优、省优、市优、优良、合格，而施工单位大多没有强烈的质量意识，只想把质量做到合格就好。万达决心把质量升级，要求合作的施工单位把工程质量全部做到市优以上，结果没有一家愿意干。经过了解，如果做到市优，用工会增多，每平方米成本要增加 10 元，做省优，每平方米成本要增加 20 元，而国家规定市优工程给的奖励每平方米只有 2 元，省优工程给的奖励每平方米只有 4 元，做到优质工程，反而要赔钱。为激励施工单位，万达承诺做到市优，每平方米奖励 10 元，做到省优，每平方米奖励 20 元。于是，合作的四家施工单位全部签协议，同意做优质工程。

　　万达奖励制度执行后，市建委说，这是破坏国家规定，要求整改，但万达解释，通过奖励把质量做得更好，是做好事，顶住了压力。奖优制度调动了施工单位的积极性，项目验收时，民政街小区四栋楼达到了市优，四栋楼达到了省优，两栋楼被评为辽宁省的样板工程。

　　第二件傻事，推出"三项承诺"。

　　1996 年年初，为了提高自身的核心竞争力，万达对客户提出"三项承诺"：第一，保证房子不渗不漏，若发现渗漏，赔款 3 万元；第二，保证房子销售面积与产权证面积相符合，若面积不符，赔款 3 万元；第三，签订购房合同到竣工交钥匙的 60 天内，可以自由退换房。

　　"三项承诺"先在长春花园小区试行，由于施工到位，管理严格，房子渗漏率非常低，近千套房中，每年只有十几二十户赔款，渗漏率控制在 1％以内。根据交房 60 天之内随意退换的规定，长春花园退房总共不到 10 套。"三项承诺"推行几年后，在 2000 年 6 月，国家建设部与中国消费者协会等六家单位，在北京人民大会堂召开千家房地产企业参加的千人大会，专门推广万达销售放心房的经验。

第三件傻事，承诺无过错退房。

2003 年，万达在沈阳开发了太原街万达广场，销售大约 350 个商铺。由于万达做商业地产的时间短，经验不足，致使卖出去的商铺人气不旺，多数商铺经营出现问题。考虑到业主的利益，万达采取统一包租经营，聘任大型百货公司的老总，一起出主意、想办法、活络商机，如给商业街加屋顶、通暖气，解决冬季寒冷的问题。虽然前后花了几千万元，也多次更换招商团队，而业主的经营困境一直没有得到改观。有部分业主向法院起诉万达，要求退铺赔偿，经过沈阳市中院、辽宁省高院审理，裁决万达胜诉。换成一般企业，完全可以不管业主的要求。但万达为了商业地产的长远发展，也为了对业主负责，下决心回购重建。万达销售店铺收入只有 6.1 亿元，而回购花了 10.2 亿元，加上重建费用总共损失 15 亿元。2008 年，太原街万达广场拆除重建后，2009 年重新开业，开业后生意兴旺。

王健林总结，这三件傻事，在当初看起来是赔钱的买卖，万达为了讲诚信，付出了代价，却换来了品牌声誉以及企业的快速发展，这正说明了万达人的坚持与对百年企业不变的追求。

孔子当 CEO 会如何做

子曰："德之不修，学之不讲，闻义不能徙，不善不能改，是吾忧也。"（《论语·述而》）

孔子说："不好好修养品德，不好好讲授学问，听到应该去做的事却不能去做，言行有缺失却不能改正，这些都是我的忧虑。"

我们可以学到什么

企业领导者要使下属心服口服，孔子认为以身作则最重要，而品德是最好的法宝。领导者具备良好的品德，最自然与具体的展现是将自身的价值观、态度、言行，贯彻到企业文化当中，这也体现了企业文化的合理性。清末名臣曾国藩在谈到如何培养与展现领导力时，也信奉"轻财足以聚人，律己足以服人，量宽足以得人，身先足以率人"。不贪取财物、自我要求严谨、包容他人错误、主动勇敢做事，这四大品德，可以保证领导者做好团队建设，使得团队具有高凝聚力、高忠诚度、高专业力、高行动力。

国际投资理财大师沃伦·巴菲特在寻找接班人时，提出了三大选才标准：聪明、灵活、诚信。他表示聪明的人学习力佳，可以创新服务；灵活的人洞察力强，可以应变制变；诚信的人责任心强，可以按要求交付工作。聪明而灵活却缺乏诚信，有可能为了私利出卖公司、伤害社会。世界两大顶级投行雷曼兄弟和美林，总资产高达 1.5 万亿美元，前者被迫申请破产保护，后者被美国银行收购，为何显赫一时的明星企业，最终黯淡收场？因为，它们都有一群聪明、灵活的员工，却因为缺乏诚信，做出了不符合道德准则的事。因此，诚信这一珍贵的品德是高潜力人才不可或缺的核心素质。

如何培养良好的品德，是孔子时时刻刻关心的第一件大事。物以类聚，人以群分。企业领导者应时刻注意自己的品德修养，则员工乐于学习效仿，整个企业也形成诚信的风气。企业领导者一定要时时关注自身的品德修养，重视学习知识与分享经验，有所为有所不为，有缺点与问题便立即改善、解决，做到言行一致，做人义无反顾，做事勇往直前。知名咨询公司麦肯锡的选才标准包括：品德高洁、聪明灵活、认真负责、积极进取、有想象力。确实如此，品德如同一个人的名片，"德不孤，必有邻"，品德可以给人最关键的第一印象，可以让人产生信赖感。具备高尚的品德有助于一个人生活和事业的成功。

第 11 堂课
有胆识言出必行

美国哈佛大学曾经研究世界 500 强公司 CEO 的共同特质，这些特质与领导团队走出困境、迈向成功直接正向相关。这些特质包括：沉稳、细致、大度、诚信、胆识。其中，胆识（Sense of Guts）是由知识、常识、见识融会而得，是实践梦想、付诸行动的勇气，以及对一切后果的担当。知识多半从书本中得来，常识多半从生活历练中得来，见识多半从思考判断中得来，三者融会成为胆识。换句话说，胆识是指有勇有谋，有"虽千万人，吾往矣"的勇气，敢于违逆流俗，去做认为对的事。

清末名臣曾国藩一生阅人育人甚多，总结出成功人士的共通特质为：有志、有识、有恒。有志，即有志气、有志向；有识，即有学识、有胆识；有恒，即有恒心、有恒行。领导者若拥有坚定远大的志向、合理有据的思考、千锤百炼的经验，以及有勇有谋的胆识，在领导团队时，必将有所作为，这样的作为包括：

• 多年来始终专心致志，坚持既定的方向。

• 淡化自己的身份地位，愿意承认错误。

- 善用多媒体工具，直接与更多层级的员工接触。

有胆识的领导者能够提出自己的想法，不害怕他人的反对意见；有胆识的领导者懂得当机立断，不怕做困难决策。例如，船快要沉了，船长不是召开会议，而是当机立断。诺贝尔文学奖得主欧内斯特·米勒尔·海明威认为：胆识来自"高压下的优雅"（Grace Under Pressure）。在《老人与海》中与鲨鱼奋战不懈的老人，靠着简单的信念："人可以被毁灭，但不能被打败。"在生活的高压下守住生命的尊严，宁愿有尊严地被毁灭，也不愿意自暴自弃地被打败。有胆识不是遇事没有恐惧，而是知道什么是该做的事，知道如何去管理可预期的恐惧。

CEO 会遇到的挑战
接受稳定的现状还是勇于改变未知的未来？

1981 年，杰克·韦尔奇成为美国通用电气公司的 CEO，开始锐意改革。之后的五年中，韦尔奇裁掉了 1/3 的员工，约 17 万人，也因此被《新闻周刊》冠上"中子弹杰克"的称号。韦尔奇总结经验时说："并非所有人都赞成改革，你必须面对来自各方对变革各式各样的抵制。"对通用公司而言，转型虽不必然需要巨变，然而，如果变化不够大，没有达到革命性的程度，官僚作风却会毁了组织。

韦尔奇发现，人们喜欢维持现状。如果开始做出一些改变，人们便感觉还是过去的日子好。然而，当我们谈到公平、公正和面对现实等温和价值时，人们还是愿意倾听的。直接的、个人的和双向的交流会使事情产生良性变化。因此，领导者向人们展现想法时，无须顾及自己的身份和地位，多数人是根据想法本身的好坏来做决定的。韦尔奇认为，CEO 要站到人群前，不断地重复说过的话，即使自己都感到烦，也要说。讲话必须具有煽动性，声音要大，同时要简单明了，例如："我们将成为第一或第二。"

CEO 若欠缺勇气，则很容易导致错误。韦尔奇自我反省，在 20 世纪 80 年代初期通用没有能够收购一家食品公司，原因在于他欠缺说服别人的勇气。当时，公司已研究了收购计划，并且认定这是一项好生意。然而，韦尔奇担心通用公司开展收购行动的条件尚未成熟，当时的工作重点在于马上削减机构，而非同步扩大组织。

挑战官僚组织是韦尔奇的改革目标之一，压缩组织规模一定会给不少人带来痛苦，然而，通用公司要想在充满竞争的全球市场中生存和发展，这样的痛苦无法避免。重组需要勇气，又充满了痛苦，韦尔奇重组了 350 个业务单元，主要决策层由过去的五个层级减少到三个，形成了总部公司—事业集团—地区工厂三级管理体系，各个层级的管理权限和责任更加明确，分别为投资中心、利润中心和成本中心。韦尔奇事前给员工提出了足够的警告，并提供了丰厚的待遇与再培训机会，即便这样，他也必须承受离职员工的指责——无情、残酷。"试图控制人们是可怕的，这是工作中最难的一部分。但是我们不得不摒弃任何阻碍向自由、快速和无边界前进的东西。"韦尔奇回顾这段历史时说。

孔子当 CEO 会如何做

子曰："有德者必有言，有言者不必有德；仁者必有勇，勇者不必有仁。"（《论语·宪问》）

孔子说："品德高尚的人必然言之有物、言而有信；夸夸其谈的人不一定具有好的操守。立志行仁的人一定具备勇气，在逆境中可以坚决奋斗，不胆怯退缩；有勇气的人，敢于为人所不敢为，却不一定有行仁的动机。"

我们可以学到什么

面对快速变化的竞争环境，以及越来越难以洞察、难以满足的顾客需求，企业领导者若能自律甚严、自修得法、品德高洁、动机纯正，自然心安理得，自然有更多机会洞烛机先，掌握市场趋势、消费喜好，从而言行慎重，充满自信与勇气，先做后说、说到做到、做到得到。孔子认为，领导者致力于满足不同人群的不同需求，解决不同组织的不同问题，能够抱持关怀他人、扶助他人的心态，做人做事应理直气壮，甚至理直气和。

企业领导者应持续锻炼与培养自己的胆识，应该随时扪心自问：这是否是我想做的、该做的？做了之后我会引以为傲吗？如果答案是肯定的，那么有好的想法时，主动与下属沟通、分享，即使必须力排众议；领导者还必须做好系统化行动的准备，组织专业团队、各司其职，然后尽管放手去做。领导者用勇气和谋略，把想法化成行动。

我们期待有胆识的领导者是一位实践道德的主体，有意愿与能力，去做应该做的事，这样一位领导者自然会展现下列五种行为，去履行对自己、团队、企业的承诺：

1. 以身作则

明确自己的工作理念和价值观，坚持自己的立场和态度，使任何决策与价值观保持一致，为下属树立榜样。

2. 共启愿景

从现在到未来，像说故事一般务实地塑造愿景，并且激励下属向令人激动的、美好的梦想共同奋斗不懈。

3. 挑战现状

激发创意、积极创新，进而改进现有的运营系统；勇于落实新创意和新想法，从实践中学习，积累成功和失败的经验。

4. 调动团队

通过公正、公平、公开的制度，充满关怀的、平等的分享和对话，与下属建立信任关系；通过工作教导和授权，增强下属的自我管理意识，发展下属的工作能力，促进协同合作。

5. 激励人心

实时发现下属的卓越表现，公开表扬，认可其对组织的贡献；见贤思齐，凝聚和强化积极向上的集体精神，共同庆祝价值的创造和团队的胜利。

最好的下属往往不是能力最好的人，
而是态度最佳、最值得信赖的人。

第 12 堂课
信任使做事的成本最低

　　互联网的兴起，宣告了 21 世纪不再是英雄独步的世纪，而是团队合作的世纪。团队意味着不同的个人有着相同的目标。如何促使团队达成共同目标？团队成员必须齐心协力、彼此合作。团队默契不是一蹴而就的，因为每个人有自己的专长定见，交流互动时，难免有持续不断的矛盾、冲突。这是必然的，也是好的，因为有摩擦才有磨合，有争论才有高论。想要促进团队合作，可以尝试五种有效的沟通方法，即对立、融合、互惠、妥协、折中。这些方法有共同的前提，即每个人相信彼此所表达的立场、态度是出于对团队最有利的考虑。

　　日本京都陶瓷创始人稻盛和夫曾说："我创业 40 多年来，确实被欺骗了不少次，然而我不会因为自己吃过亏，就不再相信人。无论如何，我还是要信赖别人，而且是从内心做到全面地信赖人，这样对方也会信赖我们的价值。我们应创造承诺的价值去影响周遭的人。"换句话说，领导者可以从改变自我的态度和行为出发，想的、说的、做的一贯一致，去信任人、信赖人，这是自我修炼。

　　台湾《商业周刊》创始人金惟纯对信任有一段精辟的论述："一个人不可能不相信命运而能相信自己，也不可能不相信自己而相信别人，更不可能不相信别人而得到别人的信任。追根究底，信任最终的源头，来自对命运的'臣服'。"人生在世，无论我们知不知道，都有其天赋的使命，可说成命运或自然。命运的好坏必须通过人的思维、观念、行动，去发现、去印证、去成就，而且相信命运、相信自己、相信他人是通往成功人生的快捷方式。"诚者，天之道也；诚之者，人之道也。"《孟子》中的这一段话，阐明了天道的法则是信任，人道的真理是实践信任。换句话说，在企业中，我们必须有心做人、有人做事，以诚信为根本。

CEO 会遇到的挑战

如何改变现状，给团队信心？

　　1994 年全美最差的十家航空公司中，大陆航空公司（Continental Airlines, Inc.）在准点效率方面是最差的，错误运送行李的纪录最高，客户抱怨比行业平均值高三倍，比倒数第二位的公司高出 30％以上，唯一绩效来自超额订票（overbooking），居业界第三。管理者换了一个又一个，员工士气低落，上班感到不开心，对公司表现感到耻辱，粗暴地对待同事和顾客，离职率、工伤率、病假时间简直是天文数字。

　　戈登·贝休恩是大陆航空的新任 CEO，从 1995 年开始，公司脱胎换骨，准点效率排行前五名，行李丢失位于最低的前三名，当超额订票发生时，乘客获得最好的服务，员工工资水平平均增长了 25％，病假下降了 20％以上，离职率下降了 45％，员工索赔要求下降了 51％，工伤数量下降了一半。1996 年在《空运》（Air Transport）杂志的评选中获得"最佳航空公司"称号。

　　当被问到这种不可思议的转变是如何达成的时候，贝休恩说："1994 年 2

月，我走进门的那一刻，看到了大陆航空最大的问题——工作环境太糟糕了。在公司经历多年的裁员、工资冻结、工资削减和不遵守诺言后，这里的文化是一种诽谤中伤、互不信任、恐惧憎恨的文化。说得委婉些，人们在这里工作并不开心。他们对顾客板着面孔，对其他同事脾气暴躁，对自己的公司感到羞耻。而如果没有喜欢在这里工作的人，公司不可能有好的产品和服务。"

贝休恩认为，大陆航空能够重返荣耀，归功于信任员工，对信任文化的聚焦。他说："我们不只改变了大陆航空所患的疾病的症状。我们还彻头彻尾地改变了它的企业文化。实际上，这十年来我们比其他任何公司都要改变得多。"

贝休恩及其经营团队依靠文化战略和文化管理，使大陆航空转型成功，一些亮点工作包括：

1. 公司最高层必须想要改变

贝休恩传递了明确的信息："我在这里，我不会离开，而且我将一直做下去。"贝休恩认为，公司要做出改变，必须有一位强大的领袖——一位站在最前面、可以让大家看到的人。只通过一个委员会或者办公室是完成不了这件事的，必须由某个人来完成。

2. 必须要考虑反对者

变革负责人必须明确指出公司将严厉对待阻碍改革者，并且指出破坏变革过程将付出的代价。

3. 需要戏剧性事件

贝休恩将 CEO 办公室的大门敞开，请员工进来一起进餐，还幽默地说："大家看，前任 CEO 不在这里。"他还下令将所有飞机在一个月内重新喷漆，半开玩笑地说："虽然你们都很优秀，我也很爱你们，但是我家里有一把猎枪，谁拖拖拉拉，没有办好事，我就干掉谁。"

4. 文化变革需要清晰的蓝图

你不能要求人们改变，却不告诉他们如何改变。大陆航空公司的变革战略是简单、全面、令人难忘的。变革的蓝图在"前进计划"（Go Forward Plan）中简要勾勒出：营销计划、金融计划、生产计划、人员计划。

（1）"飞向胜利"（Fly to Win）营销计划包括：停止做那些亏损的事；向人们想去的地方飞行；发现客户到底想要什么，并提供这些服务；经营一种有竞争力的业务。

（2）"投资未来"（Fund the Future）金融计划设定了一些财务优先事项：停止现金流的损失；制定新的制度以使大家了解公司的钱到哪儿去了；从债权人那里争取来一些优惠；不要制定最低标准，而是制定唯一的标准。

（3）"使可靠成为一种现实"（Make Reliability a Reality）生产计划是打造一家有顶级服务质量的航空公司，具体包括：准点到达目的地，包括乘客的行李；提供干净、安全、可靠的服务；共同工作以实现目标；目标达成时获得奖励。

（4）"共同工作"（Working Together）人员计划包括：尊重公司员工；竭尽全力使员工努力工作；创造一种团队工作的氛围。手表的每个零件都有价值，重视每个人。

5. 通过对进步员工进行奖励来评价进步

有计划是一件事，落实执行又是另一件事。为了记录实施成效，我们必须设定正确的标准，而当员工依照正确的方式做事时，要对他们进行奖励。如果是团队工作创造的绩效，奖励的将是团队，而不是个人。大陆航空明确告诉员工："飞机准时到达，这对你们每一个人价值 65 美元，如果不能准时到达，你们就得不到这笔钱——你们当中谁也得不到。要么所有人都获得，要么谁也得不到——我们是作为一个团队来获得胜利或者失败。"

6. 鼓励能够巩固变革的礼仪和仪式

贝休恩在主持会议时，会经常改变自己的座位，传达"变化无所不在"的信息，而且所有的会议都会准时开始和结束，将准点看作最重要的价值之一。贝休恩会邀请最好的 100 位顾客携伴到家中做客，准备好丰盛的佳肴美酒，并送给他们一个皮制的小票夹，向他们表明公司过去做错了，将要做出改变。贝休恩想表达的信息是："坚持和我们在一起，你将看到一些令人欣喜的变化。"

7. 通过故事来表达价值观

贝休恩通过塑造自己的行为，来激发出一些好的故事以支持新的价值观。贝休恩每次坐飞机，都会到驾驶座舱，和驾驶员打招呼并聊上几分钟。某天，一如往昔和机组人员交谈时，他听见某个服务员说："对不起，先生。你必须坐下来。飞机即将要起飞了。"飞机上的另一位服务员走过来，对这位服务员耳语说这位先生是谁。这位服务员回答："那很好，但是，我们要起飞了。告诉他坐下。"贝休恩坐了下来。这个故事传达的信息是：准点绩效适用于任何人，即使是 CEO。

孔子当 CEO 会如何做

子曰："人而无信，不知其可也。"（《论语·为政》）

孔子说："一个人如果不讲诚信，将如何待人处事！"

有子曰："信近于义，言可复也。"（《论语·学而》）

孔子的学生有子说："讲究信用而合乎事实，说出的话是可以得到实践的。"

我们可以学到什么

企业想要创造价值，必须抱持"顾客至上"的服务态度，以"顾客为师"，激励团队为持续提高顾客满意度共同奋进。企业离不开人，团队非有一群人无法成事。孔子直言"诚信"的价值，以及言行合乎人情事理的重要性，企业领导者若不信任下属，或不被下属所信任，彼此无法建立良好的关系，这样的团队与成功是无缘的。领导者如何与下属建立信赖关系，使团队产生信赖感？我们都很清楚，最好的下属往往不是能力最强的人，而是态度最佳、最值得信赖的人。领导者要成为值得下属信赖的人，下属也应成为让领导放心的人，关键在于：

1. 掌握好反馈的频次与质量

下属通过主动沟通与回馈，使得主管掌握工作进度，并得到必要的协助。至于信息回馈的频次与质量，可以视彼此互动关系以及对方的需求而定。如果主管随时想知道工作进度，下属就不能三天才报告一次，或选择重要的事才报告。掌握好汇报的频次和质量，使双方都能够安心、放心。企业领导者也应与助理沟通，告知每天的动向，以便做好行程安排。

2. 确认工作的 5W 和 2H

主管交给下属工作时，必须让下属重复任务内容，确定下属清楚工作方向、重点、标准，而非简单回答一句"好"。5W〔为何（Why）、何时（When）、何事（What）、何地（Where）、何人（Who）〕和 2H（如何（How）、多少（How much）〕是有效的确认工作关键细节的方法，该方法使双方彼此理解对方的需求与供给的可能，避免在错误的方向上努力，最终得不偿失。

3. 从多做少错开始建立信任关系

主管与下属的关系发展，从互动到互通，最后建立互信，必须共同经历许多事件。因此，在彼此互动的初期，宁可过多回馈、商量，回馈甚至可以多到使对方觉得烦人的程度。经过用心的磨合，当彼此越来越能够了解对方的需求后，双方有了较佳的信任基础，便可以减少沟通频次。

建立正确坚强的信念、
舍我其谁的使命感、
非如此不可的决心。

第 13 堂课

有能力与意愿做该做的事

企业经营的目的，无非是使做事的员工积极敬业，使顾客得到满意的体验，使股东的投资获利。为了达成此目的，企业必须展现组织能力。组织能力的强弱与员工在工作环境中的表现息息相关，员工表现的内涵包括了员工能力、员工认同、员工治理。员工是否具备胜任能力？员工是否认同企业理念？员工是否服从规章制度？无论是从组织运作还是从企业领导者和员工的角色来看，任何一项工作任务，若想要员工全力以赴地去完成，企业必须要让员工了解：为什么做，如何做。前者是做一件事的目的、意义；后者是做一件事的手段、方法。

身为知识工作者，我们总是像哲学家一样地思考：我为什么要工作？工作的意义和价值何在？用美国心理学家亚伯拉罕·马斯洛的需求层次理论来解释工作的目的，人们工作的目的在于满足人身心各层级的需求，即生理、安全、社会、自尊、自我实现。换句话说，我们可以通过工作服务他人，逐渐成就自我。我们知道，想要把一件工作任务完成好，必须具备良好的动机、专业的能力与有利的环境；而工作的意义与价值，更关乎应不应该、有没有意愿去做。

宝洁公司的 CEO 雷富礼，具有良好的亲和力、亲切的态度，并且与员工诚恳互动，容易使人减少敌意；更重要的是，雷富礼能够礼聘比自己更有能力的人，与员工共同讨论工作的成功与失败，使员工感觉大家命运与共。诺贝尔和平奖得主昂山素季也说过："领导者一定从信念和承诺开始，下定决心去服务人民，使人与人之间彼此有合作的机会，并且怀抱希望，相信自己。"企业领导者如何行仁？从自己做起，以身作则，知道为什么做，再问做得好不好。"子欲善而民善矣。"鼓励员工做正确有意义的事，通过产品和服务，创造顾客体验价值，当创造了顾客价值，利润自然源源而来。

CEO 会遇到的挑战
如何使员工有能力与意愿做好该做的事？

台湾奇美集团创始人许文龙的经营理念，经台湾知名管理学家许士军教授总结，展现出三大精神：其一是"务实"的精神，指凡事从根本处去了解问题实际情况，并想方设法打破陈规旧习和人情面子，采取创新、逆向思考的解决方法；其二是"适时"的精神，指为了适应竞争环境的变化，企业经营必须保持管理弹性，资源不足时，亲力亲为，不畏艰苦，而当资源充沛时，却处处不计较，与他人利益共享，展现宽厚作风；其三是"坚定"的精神，指具有决策的信心，勇于坚持自己的信念，不以赚钱为目的，而是为所有利益相关者创造实在的幸福生活。

如果奇美工厂内有甲乙丙三条生产线，每日的生产统计，甲线绩效最好，乙线居中，丙线最差。许文龙认为，从务实的角度，他们的处理方法是大家一起找出丙线差的原因，而不是追究丙线工作人员的责任。"找答案，不找责任"的实事求是精神，可以在工作中找出真正的问题和答案，减少人员摩擦，促进领导者和下属之间发展和谐关系。

许文龙还有另一套相当富哲理的"替人设想"的激励思维，他曾以"庄周梦蝶"来形容，反思领导者如何做好员工关怀，是庄周梦见蝶还是蝶梦见庄周。借由这么有趣的问题提醒人们，凡事只是"相对性"，而不是"绝对性"。凡事实实在在地做好，只是相对的；诚心诚意地替人设想也有其相对性，对人好也要分等级。"于公，先照顾员工，再照顾来往厂商，最后是市场大众；于私，则是先亲人，而后朋友，且不可以私害公，公私倒错。公司赚钱，股东分了红，员工自然也该有。"

孔子当 CEO 会如何做

颜渊问仁。子曰："克己复礼为仁。一日克己复礼，天下归仁焉。为仁由己，而由人乎哉?"（《论语·颜渊》）

孔子的学生颜渊问如何求仁得仁。孔子说："能够以道德理念引导自己，与人互动有适当的、合乎彼此期待的言行，就是仁了。如果在一天之中，每个人都能够如此做，天下将达到仁德的境界。做到以适当的言行去实践仁德，全靠自己，哪里是他人能够帮忙的呢?"

樊迟问仁。子曰："爱人。"（《论语·颜渊》）
孔子的学生樊迟问如何求仁得仁。孔子说："爱人。"

子曰："唯仁者能好人，能恶人。"（《论语·里仁》）
孔子说："只有立志行仁的人能够赞美人，或指正人。"

子曰："苟志于仁矣，无恶也。"（《论语·里仁》）
孔子说："如果能够立志于行仁，就不会有邪恶的言行了。"

我们可以学到什么

在孔子一生的学习与教学的历程中，使孔子学不厌、教不倦的是什么？是人生的知识与学问，以及日常生活的感悟与体验。孔子天天学习做人的道理，并且能够将自己所学所悟，因材因地教导学生。孔子的学习方法是什么？从孔子与学生的对话中，我们可以窥得一斑，即以忠信作为内心所追求的道德价值来自律，以礼乐作为与他人互动时合适的分寸去爱人。换句话说，我们管理好自己的人生，一方面要做自己，另一方面要爱他人。

用心行仁的人，总是能够与人为善，为他人服务，广结善缘，做出善事，成为他人眼中的善人。至于为善的人是否都是行仁的人，孔子持保留意见，因为今之学者为人，刻意做善事表现给人看的太多了。行仁与为善表现出来的行为可能极为相似，却有本质上的不同：为善可能考虑了将来的利益，有机关算尽、体己的私心；行仁则只考虑自己应不应该去做，不会因为外界环境的变化而改变自己的初衷。当我们理解了"爱人者，人恒爱之，敬人者，人恒敬之"的道理，毫无疑问，行仁是基于爱人的，因为爱得有道理，是自然而然的行为。

行仁，包括了人性向善、从善如流、止于至善。领导者一定要有正确坚强的信念、舍我其谁的使命感、非如此不可的决心，如此一来，可以激发追随者的热情，坚定追随者的信心，实践共同的梦想，永不放弃。在网络时代，企业领导者尤其是 CEO，其领导力已经升级到了第三代。第三代的 CEO 如同第一代、第二代，拥有愿景，有实践愿景的能力，却少了点自尊自大，多了点人性温暖。不仅个人拥有高远的眼界、专业的能力、坚持的自律，而且能够使员工感受到"我们是一个团队（One Team）"，大家为了共同愿景，一起努力打拼。

第 3 篇

引导组织运作

至善，打造高凝聚力的高效团队

做人能够做到人与人之间有合适的互动关系，彼此信任、尊重、关怀、赞美；做事能够做到有合理化效率、效能、效益，精益求精追求更好的境界。

领导者从人才、制度、系统、团队几方面推进组织运作，使人才与人才之间能够彼此协作、发挥专长，形成高效的、有形的人性化制度，以及创新的、无形的科学化系统，持续合理化地促进团队变革，精益求精提升组织核心竞争力。

责任是严肃的主宰、
组织管理的基石，
领导者和下属必须彼此相互督促。

第 14 堂课

了解组织的定位

企业存在的目的是创造顾客、服务顾客。企业内部的任何组织，结合了众人的智力、能力、体力，凭借系统化的标准运作，方能够做到对顾客的承诺：满足需求、超乎期待。

组织的运作要讲求效率和效益，必须凡事合理。换句话说，组织制定的规章制度、作业流程，一定要合乎人性化、科学化、市场化的标准。人性化的组织，在组织需求与员工需求中取得平衡，重视和谐的员工关系，凝聚团队向心力；科学化的组织，通过信息系统，建立标准作业平台，确保工作效率；市场化的组织，将组织中其他功能单位视为顾客，倾听顾客的声音，即时整合资源，助力达成共同目标。因此，组织合理运作，将创造出一个友善的工作环境。员工在这样的环境下可以专注工作、发挥潜力、有好的工作绩效。同时，组织的合理运作能够创造出一个丰富的职业平台，而非仅仅是一个个岗位，在这样的平台上员工能以主人翁的心态，长期经营自己、做出贡献，与组织共同成长、壮大，从而达成对顾客的承诺。

任何在组织中工作的人，都拥有组织所赋予的权力与职权，作为什么事可以做、什么事不能做、可以如何做、做到什么程度的决策依据。管理学大师彼得·德鲁克认为："权力和职权是两回事。管理人员并没有权力，而只有责任，而且必须依靠职权来完成其责任，但除此之外，绝不能再多要一点。"组织中的员工，彼此具有伙伴关系，因此，敬业负责的员工会对管理人员提出相对应的要求，促使领导们也认真工作、胜任工作，对组织、团队的绩效和工作成败负起责任。责任是组织管理的基石，领导者和下属必须彼此相互督促，促进工作实时有效完成。

CEO 会遇到的挑战
如何确保企业的长远利益？

1999—2013 年，招商银行行长马蔚华工作的这 14 年，他工作的动力与目标，源自热爱自己选择的行业。既然经过深思熟虑，做了选择，其间也经历很多波折，那么基于职业道德和精神，就必须把工作做好。确实如此，马蔚华选择当行长，就必须对股东负责，努力将股东利益最大化；对客户负责，因为没有客户，银行也不复存在；对员工负责，因为下属跟随着领导，是为了实现共同的目标。因此，领导者坚持把工作做好，不仅仅是为了自己，而且是为了更多利益相关者。领导者身上都有一份不可推卸的责任。

在责任感的驱使下，马蔚华将自己明确定位为职业经理人。在与团队共同努力奋斗的过程中，马蔚华追求的是商业银行如何持续发展，如何使利润最大化，如何善尽企业的社会责任。将这些事情想透做好，对国家、社会、客户、员工都有利。

"中国的商业银行都是从无到有、从小到大的，在中国要对商业银行的发展路径进行试验，还是前所未有的事。所以，尽管可能有一些坎坷，有一些挫折，有一些阻力，有一些困难，但是当你探讨过每一个环节，参与到每一段过程中后，你会发现，这期间失败有失败的教训，成功有成功的理由。"马蔚华如此描述经营银行的心路历程。

马蔚华当家招商银行的头五年，资产与利润总额大幅增长，增速分别达到 2 倍与 7 倍，不良贷款率从 3.15％下降到 1.14％，准备金覆盖率从97.39％上升到 223.29％，招商银行体制健全，成为在中国赢利能力最强、经营风险最低、资本回报率最高的银行之一。"当面临人生的选择时，你要选择有利于施展才干的那一步，选择有利于你全心全意把这个事情做成功的那一步。"马蔚华事业的成功，在于他有志向、有追求，选择并跨出了正确的一步。因为，他把握了商业银行在中国的发展方向，一路前进，尽最大的力量与努力，推动组织改革、善用资源，将招商银行打造为具有竞争力的、国际化的先进银行。

孔子当 CEO 会如何做

季康子问政于孔子，孔子对曰："政者，正也。子帅以正，孰敢不正?"
(《论语·颜渊》)

鲁国的贵族季康子请教孔子如何治理国家，孔子回答："管理众人的事，要正大光明、不偏不倚。如果您带领大家走正道，还有谁敢胡作非为?"

我们可以学到什么

企业通过组织人才和生产资源，创造服务价值并赚取利润。组织高效运作的前提，在于所设置的岗位有明确必要的职责，所安置的人才有专业的职能，能够发挥专长，创造预算的绩效目标。孔子认为，领导者设计组织、管理团队必须有政治素养。"政"是指处理众人的事要"正","正"是指为所应为，以正确、正当、公正的态度，对组织的发展拟定目标与战略，对众人的事做出合理的决断。正派的领导者一定是具有明确的价值观和工作理念的人，可以在管理工作中体现出敬业态度与责任意识。因此，领导者想要将管理工作做好，使下属有高度的责任意识，必须做到：

1. 目标明确

与下属共同设定工作目标，确保个人目标与团队目标保持一致。下属通过展现优秀的工作绩效，得到合理的工作报酬，以及精神上的认同感、成就感。

2. 以身作则

企业领导者坚定不移地追求工作目标，有使命必达的心态，能够通过传、帮、带全心全力协助下属，从而获得良好的组织工作绩效。

3. 适才适所

不同岗位有不同的任务、职责，对人才的知识、经验、技能、特质的要求标准各不相同，找到对的人，方能使人才发挥所长，创造绩效价值。

4. 赏罚分明

对于做得好的下属要给予及时的肯定与奖励，对做得不好的下属要给予立即的纠正与教导。当然，如果领导者自身做错了决策，也要勇于认错、勇于承担。

美国福特汽车创始人亨利·福特说过："相聚是开始，团结是进步，合作是成功。"组织以合理化的制度流程为系统框架，以志同道合的人为运作关系，而这群人展现各自的专长能力，彼此相互学习成长，达成共同目标。我们相信，如果企业领导者正大光明、不偏不倚，不以一己之私损害组织和他人的利益，清楚组织的现状及团队努力的方向，展现出高度的责任感，则领导者可以做出卓越的贡献，确保对顾客的承诺。

第 15 堂课
打造高效的团队

　　企业追求永续发展，无一不是凭借正确的策略加上高效的团队。高效的团队由员工的高胜任力与高凝聚力组成，当然，这必须借助每位员工在工作上做出正确的判断和正确的行为来实现。

　　高效的员工通常具备强烈的工作动机以及处理复杂事务的能力。动机可以说是需求与满足的过程，员工有意愿去追求，有承诺去实现，即具有工作动机。若员工具有明确的使命感，知道、理解和认同工作的价值与目的，员工将会有更强大的工作动机，也更容易通过一连串的系统行为，创造自我成功的机会。通过行动创造机会，把握改变人生命运的机会。企业领导者很重要的工作之一，在于激发和强化员工的工作动机，使员工从不知道做什么变成知道做什么，从不能做变成有能力做，从不愿意做变成乐意做。换句话说，领导者必须展现领导力，塑造良好的组织氛围，凝聚团队向心力，以使员工做出专业绩效。

　　以研究企业领导者情商（Emotional Intelligence，EQ）驰名的美国哈佛大学教授丹尼尔·戈曼认为，领导者是否能够展现领导力，对组织氛围有决定性的影响。好的组织氛围，有下列的好处与特征：

• 员工的工作更具有弹性，员工勇于尝试创新，不会怕犯错，不会受到规章制度和条条框框的限制。

• 员工对组织有高度的责任感，愿意做出工作承诺，使命必达。

• 员工对工作有较高的标准，因此激励员工提升能力。

• 员工对工作目标有共识，绩效考核更客观公平。

• 员工对赏罚了然于心，符合心理预期，可以达到实时激励、警示的效果。

• 员工对工作任务与价值观有更深入的理解，因此强化临事决断的能力。

CEO 会遇到的挑战
如何做好团队建设，分工又合作？

企业领导者为了促进组织高效率与高效益地运作，应重视上下级和水平层级间的沟通，使员工对组织的目标达成共识，并尊重专业分工与不同工作的规范、制度、流程，分权负责，发挥组织的整合力。

台湾趋势科技董事长张明正认为，企业经营的管理模式有两种，好比演奏音乐：一是交响乐，一是爵士乐。交响乐全场的焦点在于指挥家一人，由其引导每个乐团成员循序合拍、精准演出；爵士乐则"没有指挥，但每个人都是那个乐器的顶尖表演者"，当乐曲开始，轮到谁的调，谁就站起来秀，完全靠默契。一般而言，制造业的管理类似交响乐；而服务业则类似爵士乐，CEO 基本上不做决策，而是由公司经营团队高层主管进行集体决策。

张明正说："没有一个 CEO 能做出最完美的决策，因此，我只能创造一个让大家协同合作的环境。"换句话说，CEO 正是通过组织运作的机制和系统，创造出一个使团队能够充分展现专业能力的工作环境，在其中每一个成员可以各吹各号，尽情展现各自的专业价值。趋势科技实践管理的原则为："表现"＝"潜力"－"干扰"。张明正认为，降低干扰，而非增加控制，可以有效激发员工的潜力，使其有良好的绩效表现。CEO 最重要的工作是创造使员工无后顾之忧的工作环境，使员工没有恐惧，可以讲真话，做想做的事。

孔子当 CEO 会如何做

子曰："知之为知之，不知为不知，是知也。"（《论语·为政》）

孔子说："对于事物的因果变化，若理解，回答说理解，若不理解，回答说不理解，如此一来，我们能够快速学会新知识。"

子曰："吾有知乎哉？无知也，有鄙夫问于我，空空如也，我叩其两端而竭焉。"（《论语·子罕》）

孔子说："我有知识吗？其实是无知啊！当纯朴无知的人来问我问题，他没有学习，一无所知，问的态度很诚恳，我也只是从他的问题，以及可能有疑惑的利弊得失两方面来反问他，问答之间，尽量想得透彻、问得明白，如此而已。"

哀公问曰："何为则民服？"孔子对曰："举直错诸枉，则民服；举枉错诸直，则民不服。"（《论语·为政》）

鲁哀公问孔子："要做什么人民才会服从管理？"孔子回答说："坚持做对的事、用对的人，放弃不对的事、不对的人，人民就会服从管理；反之，坚持做不对的事、用不对的人，放弃做对的事、用对的人，人民就不会服从管理。"

我们可以学到什么

高效的团队有赖于快速的学习力与适应力，诚实面对问题，不自作聪明，不虚伪造假，想出方法和对策，进而解决问题。孔子认为，做人做事一定有做得更好的方法，重点在于，我们必须直面问题，不戴有色眼镜，不凭主观经验和喜好来看待问题。至于思考问题、研讨对策的过程，可以学习运用"两端辩证法"，在时间、空间的大环境下，从事物的利弊、得失中两相诘问，弄清楚决策的机会与挑战。

当然，企业领导者还必须找到诚实可信赖又正直的人，一方面可以安心授予这些人重任，务实找出企业经营管理所遭遇的问题与可行的方法；另一方面重用正直的人可以维护良好的团队士气与向心力，因为勤奋努力的人会比聪明钻营的人更可能取得成功。

企业领导者带领高效的团队，除了要有信心做对的事，还要有专业能力把事做对。国际管理学家吉姆·柯林斯著有《基业长青》一书，书中总结了世界 500 强企业打造高效团队的三大成功原则：找到对的人，学会谦卑，对目标保持狂热。从中可见孔子对高效团队的洞见——找到对的人，去做对的事，具有跨越时空的普遍性。来自台湾的康师傅集团，秉持弘扬中华饮食文化的使命，愿景是成为被尊崇的企业，通过前瞻的思维、科学的方法、以绩效为中心的文化、和谐的团队等策略方针，鼓励员工思考问题更有逻辑、更系统、更细致、更周全，使员工认同目标、理解策略、熟悉流程、高效执行，如此一来，"做人要诚信、做事要务实、企业要创新"的企业文化得以与时俱进，全员展现高度的使命感与爱公司的心，同心追求与实践共同愿景。

第 16 堂课
选志同道合的人

企业创办之初，一定有少数核心人物具有共同的梦想、勇于任事的热情，可以彼此发挥专长，互补不足，展现组织能力，克服企业生存与发展的挑战，把握住成功的机遇，进而创造出辉煌的团队绩效。

这群人必有极大的相同之处，也有个别的差异。他们有共同的愿景、一致的目标、强烈的工作动机，以及使命必达的工作热情。他们有不同的人格特质、思维模式，以及各自擅长的技能。团队的建立，若以中国人所熟悉的象棋做比较，将、士、象、车、马、炮、卒不同角色，共同组成一个战斗团队，擒贼擒王是共同的目标，有待于下棋的人做好布局，有步骤地推进。车、马、炮，各有所长，也各有所短，搭配得好，可以形成连锁杀招，令对手难以化解；若单打独斗，很可能在敌阵中被个个击破、吃掉，丧失争胜的机会。企业面对市场竞争压力，为抓住发展机会，必须建立经营团队，团队成员来自五湖四海，必须要有统一明确的选才标准，方能组成战斗力坚强的明星团队。

从人力资源管理的角度思考，选才远比育才重要。美国通用汽车的总裁艾尔弗雷德·斯隆是现代化组织管理的天才，在《我在通用汽车的岁月》中曾说："把我的资产拿去吧——但请把我公司的人留给我，五年后，我将使你拿去的一切失之复得。"确实如此，无论从知识、经验、能力、特质来评估人才，还是从智商、情商、潜力、文化契合度来考查人才，企业有可操作的人才管理系统，将解决人才数量不足、人才质量不高、人才特质不符等企业领导者经常遇到的挑战性人才课题。如何选对人，如同做对事，将是企业持续成功的保证。

CEO 会遇到的挑战
经营团队对重大问题意见不合怎么办？

1991 年，海南的经济陷入低潮，冯仑在漂泊的岁月中，命运之神使他认识了王功权、刘军、王启富、易小迪、潘石屹，这六人后来被称为"万通六君子"，正准备迎向人生的高潮。六人当中，冯仑脑筋灵活，具有政治眼光，待人谦和，有兄长风度，自信为贤达人士；王功权性格较叛逆，口才好，擅长危机处理；刘军朴实率性，讲义气，敢于与人拍桌子直来直往；王启富疾恶如仇，爱憎分明，愿意为朋友两肋插刀；易小迪沉稳温和，不抢风头，说话言简意赅，具有务实的处世智慧；潘石屹积极进取，年轻有活力，有时候得理不饶人。

这六人性格迥异，因为理想和机缘，有幸组成了创业团队，在那个特殊的时代，勇于冒险、积极进取。这六人有幸赚了钱，而分歧也来得快。"最大的分歧是：我们到底做哪些行业？在哪儿做？怎么赚钱？怎么管理这个企业？当时每天都有冲突，因为大家都没有经验，不知道该怎么做。"冯仑说道。

1995 年，中国式合伙人万通六君子进行了第一次分家，王启富、易小迪、潘石屹选择离开；1998 年，刘军选择离开；2003 年，王功权选择离开。

至此，可以共患难，不能共享福，中国人的魔咒再次得到印证，万通开始由冯仑一人掌舵。冯仑高举理想："我们做房地产非常简单，就一句话，创造最有价值的人造空间。"重新定位自己，经过多年的努力，再次走向前台，吸引公众眼球，享受媒体光环。

冯仑回首那一段合伙岁月："我们曾经是生意上的合伙人，也共同经历了散伙的痛苦。但是我通过这样的过程才知道，结婚是误会，离婚才是理解，精神上的婚姻永远比现实中的家庭婚姻要更久远。我们六个人存在着一种精神婚姻，这个婚姻至今未散，我们只是在现实的工作中分开了。这种精神婚姻正是我们仍然能成为朋友、继续人生故事的根本原因。"

孔子当 CEO 会如何做

孔子曰："益者三友，损者三友：友直，友谅，友多闻，益矣；友便辟，友善柔，友便佞，损矣。"（《论语·季氏》）

孔子说："有益的朋友有三种，有害的朋友有三种：跟正直的人交朋友，跟诚信的人交朋友，跟博学多闻的人交朋友，就有益处。跟装腔作势的人交朋友，跟阿谀奉承的人交朋友，跟花言巧语的人交朋友，就有害处。"

子曰："不得中行而与之，必也狂狷乎！狂者进取，狷者有所不为也。"（《论语·子路》）

孔子说："找不到行为适中的人来交往，至少一定要找到志向高远或洁身自好的人。志向高远的人奋发向上，洁身自好的人有所不为。"

我们可以学到什么

企业经营管理对领导者的挑战之一，在于如何成功组建核心团队，并且持续发展团队。孔子指出，有正确观念并且能直面问题的人，懂得倾听与包容的人，知识丰富且愿意分享的人，这三种人都是对我们的品德修养与事业发展有帮助的人，我们应该主动结交，并成为其中的一员，这样就不至于使自己陷入"独学而无友，则孤陋而寡闻"的困境。人有天生的个体差异，又有后天家庭培养、学校教育、社会历练的发展差异，因此，企业领导者在组建团队时，必须擅长人际互动的技能，将天差地别的下属，有进取心、企图心的人，有责任感、价值观的人，调和融洽，组织成高绩效的团队。

卓越的企业如何选才，人才的标准何在？一般而言，共通的标准有：沉稳、细心、大度、担当、诚信、胆识。恰当的人格特质，可以从行动力、适应力、亲和力、好奇心、责任心、同理心六大核心能力来判别。理想的员工必定是将工作与生活、道义与利益保持平衡发展的人，必定具备身心健康、品德良好、工作热忱、孝顺父母、家庭美满的特征。

确实如此，有高发展潜力的人才，其潜在的领导特质表现为：

(1) 战略定位——对复杂多变的环境进行分析性和概念性思考的能力。

(2) 市场洞见——对市场趋势有深入了解，知道对公司发展的影响。

(3) 结果导向——勇于行动，具有明确改善关键绩效指标的责任心。

(4) 顾客服务——以超出顾客期待为目标，具有服务顾客的热情。

(5) 分工合作——能够在共同的目标下，和团队伙伴有效合作。

(6) 组织发展——具有吸引和培育人才以提高组织能力的动力。

(7) 团队建设——能够成功招聘、凝聚和建立高效的团队。

(8) 变革能力——具有为达成目标改革组织运作和组织文化的能力。

企业领导者选才就如同为团队找朋友，一定要各取所长、互补其短。台积电公司（TSMC）是全球逻辑集成电路行业的领头羊，也是亚洲最佳雇主之一，董事长张忠谋认为：招聘人才，就是要找志同道合的人。因为唯有凝聚志同道合的才识之士，方能实践企业核心价值、追求卓越，共同为全球半导体业创造历史新篇章。企业寻找志同道合的人，一定是找品德良好、知识广博、言行适中、志向远大的人，在企业中可以影响其他人的价值观、态度、思维模式，以及工作动机与角色认同，有利实践共同愿景。

若想成就人生的伟大梦想，
就必须在做人做事上用心，
同时做好人生的规划。

第 17 堂课
善用有限的时间

上天对我们每个人都是公平的，每个人一天都有 24 小时；上天对我们每个人也是不公平的，有的人聪慧，有的人愚钝，有的人富贵，有的人贫穷。面对发生在自己身上的不公平的事，若一直抱怨命运，一定于事无补。若我们能够善用所拥有的公平的时间，努力改变自己的不足之处，使自己品德更高尚、能力更强大，必将创造自己的美好未来。

任何植物的生长都离不开阳光、空气、水、适当的养分，以及人类有意或无心的照料。法国大文豪伏尔泰曾说："时间是个谜，最长又最短，最快又最慢，最能分割又最宽广，最不受重视而又最珍贵，渺小与伟大都在时间中诞生。"

时间之所以有价值，在于我们想利用有限的时间去做无限的事，成就伟大的梦想。如何有效衡量时间的价值？有人说："想知道'一整年'的价值，就去问挂科的学生；想知道'一个月'的价值，就去问曾经早产的母亲；想知道'一星期'的价值，就去问周刊的编辑；想知道'一天'的价值，就去问有十个孩子要养的领日薪工人；想知道'一小时'的价值，就去问在等待见面的情侣；想知道'一分钟'的价值，就去问刚错过火车的人；想知道'一秒钟'的价值，就去问刚闪过一场车祸的人；想知道'百分之一秒'的价值，就去问奥运的银牌得主。"

CEO 会遇到的挑战
资源少，时间有限，如何做最重要的事？

2010 年，雷军创办小米科技，专注于 Android、iPhone 等新一代智能手机软件开发，以及移动互联网相关应用。小米的规模和成长速度超出专家的想象，成功的原因在于它抓住市场商机、快速反应，用雷军自己的话说，小米做到了"专注、极致、口碑、快"。

在创业初期，雷军认为在有限的资源与时间压力下，专注非常重要，"少即是多，以少胜多"，认真做好一两项产品。为什么创业有机会成功？因为资源少，而非资源多，不然，所有的成功机会都会被大公司抢走。资源的有限性迫使领导者聚焦，少做一些事，把问题想清楚。

小米当初是如何做的？技术团队总共 14 人，在两个半月内，做了三个功能，解决用户最核心的需求。"我们怎么做？第一件事情，要把桌面做好，就是用户进手机看到的第一眼；第二件事情，要把打电话、发短信的通讯录做好；第三件事情，要有点儿特色，就是能做个性化桌面，能够换桌面。其实，我们就干了这三件事情。"雷军回忆说。

什么叫"极致"？雷军表示，极致指的是把事情做到"把自己逼疯"的程度。做到别人都说好，做到别人达不到的高度和水准。小米在开发手机的初期，专注于找出解决用户问题的关键功能，并且以最快的速度去突破。小米发布的手机进入消费市场的速度最快，当做到极致，突破以后，消费者就会记住小米。

很多人误以为，只要有好产品就会有口碑，或者便宜的产品就会有口碑，或者又好又便宜的产品就会有口碑。雷军认为，只有"超越用户预期"的产品才会产生口碑，认认真真把一件事情做细，就是真正的口碑。雷军常以海底捞为他山之石，说明如何建立口碑：在夏天用餐之后，服务员送上一个果盘，果盘没吃完，客人说能不能打包带走？服务员说不能带走。而当客人结完账，服务员给了他一整个西瓜，说切开的西瓜不卫生，如果想带走我们给您打包整个西瓜，结果，一个西瓜就把那个客人感动得一塌糊涂。

在经营成本高涨的今天，企业要生存和发展，雷军认为，"对用户，要快速沟通、快速反馈、快速修正"。换句话说，企业要保持极高的速度，开发产品一定要想清楚能不能在两三个月，或者不超过半年就做出来，同时，测试用户的需求和反馈能不能很快就有一个结果，在收到用户的反馈以后，能不能很快去改。用户其实不怕我们今天做的产品有问题，怕的是给了意见，我们不能够快速给出足够的反馈，这是用户最在意的。

孔子当 CEO 会如何做

子在川上曰："逝者如斯夫！不舍昼夜。"（《论语·子罕》）

孔子说："时间如同流水，不分日夜，一刻也不停留。"

叶公问孔子于子路，子路不对。子曰："女奚不曰：其为人也，发愤忘食，乐以忘忧，不知老之将至云尔。"（《论语·述而》）

小侯国的国君叶公问孔子的学生子路对孔子的看法，子路没有回答。后来孔子知道了这件事，对子路说："你为什么不这么回答他：老师的为人，立定了人生志向，向古代经典勤奋学习、思考疑难，会使他忘了吃饭；学到了知识道理，实践有所成果，所产生的喜悦，会使他忘了遭受的苦难；由于学习有方向、有目标，且全神贯注，不知不觉地时间悄悄溜走，他的年纪也逐渐变大。"

我们可以学到什么

孔子感悟到生命有限，知道若想成就人生的伟大梦想，必须在做人做事上用心，同时做好人生的规划。一般人汲汲一生追求富贵，孔子也想要富贵，所以他说："富而可求也；虽执鞭之士，吾亦为之。"倘若富贵如浮云聚散无常，幸运的因素大过自己可控的努力，孔子的选择是"如不可求，从吾所好"。孔子追求的人生志向不同于一般人，他想要：修养德行、讲授学问、见义勇为、改过向善。

为了达到设定的人生目标，孔子的一生有务实的发展路径："吾十有五而志于学，三十而立，四十而不惑，五十而知天命，六十而耳顺，七十而从心所欲，不逾矩。"（《论语·为政》）

依据人生的发展蓝图，孔子做好人生上下半场的时间管理。

1. 人生上半场——尽人事

（1）15～30岁，应对自我的性格、兴趣、能力有初步的了解，故可以决定自我学习的方向。同时，懂得通过实践，养成习惯，为日后成功打好基础。

（2）30～40岁，应对个人、家庭、社会、人类各种价值观，有相当清楚的认知和判断。同时，懂得将心比心，与他人协同合作，致力于自我实现。

（3）40～50岁，应对特定的价值信念所支持的人生目标有所印证、有所体会。同时，懂得自我定位、自我肯定，全力追求自我的人生理想。

2. 人生下半场——听天命

（1）50～60岁，应对工作过程中所遭遇的机缘与风波坦然接受，了解命运是自己掌握、自己创造的。同时，懂得朝着人生目标去努力，不过分在乎结果。

(2) 60～70 岁，应对人世间的是非对错有同理心的了解，不偏激，不坚持己见。同时，懂得把人生的愁苦当成是心智的磨炼与乐趣。

(3) 70 岁以上，应对人心的瞬息万变了然于心，使得自己的起心动念合情合理。同时，懂得自强不息、终身贡献、死而后已。

孔子在其人生的上半场，致力于实现自我、服务他人，是属于学习、成长、创造的"求真"阶段；及至人生的下半场，则持续奋进转化价值、成就不朽，是属于贡献、分享、传承的"体善"阶段。求真与体善，是出于人与自然和谐、天人合一的"赏美"心态，并以人的道德生命为宇宙的中心，达到孟子所说的"万物皆备于我"的人生境界。综观而言，为了道德事业而奋斗，孔子追求真善美的人生，最终赢得了高境界的精神富贵。

国际管理大师彼得·德鲁克指出，时间是企业领导者最珍贵的资源，也是最大的敌人。那么，如何管理好时间？

找出并去除那些根本不必做的事，因为这些事只会浪费时间，毫无成效可言。

时间日志上有哪些活动可以交给别人做，与自己亲自做结果相同甚至更好。把别人能做的事都扔出去，专注于自己真正该做的工作，这是效能上的一大改善。

其实，大多数浪费时间的因素，是主管可以控制并加以去除的，如浪费掉其他人的时间。

如何善用时间？管理历史学家诺斯古德·帕金森在《帕金森法则》(Parkinson's Law) 中对时间管理有独特的见解：你有多少时间完成工作，工作会自动变成需要多少时间。换句话说，如果你有一天的时间可以做某项工作，你将会花一天的时间去做。而如果你只有一小时的时间可以做这项工作，你将会在一小时内做完。因此，任何一项工作可以依据重要和紧急两个标准来做分类，每天排序重要又紧急的事不超过六项，以快、准、狠的精神和行动去执行，并且集中全力去完成。我们必须也应该成为善用时间的人，因为我们都是自己生命的主人。

第 18 堂课
倾听比说更重要

根据组织行为学的研究，企业领导者一天平均最少要花 44％的时间用于沟通；依据卡内基训练公司的估算，领导者投入沟通的时间更高达 70％。这些沟通有不同的沟通对象，包括顾客、领导、下属或同事；有不同的沟通形式，如一对一面谈、部门会议、专题研讨、电话联系、书面报告、邮件往来、微信反馈；沟通的目的不外乎使对方理解我们的想法，得到对方实时的反馈，并依照我们的意图去行动。当然，对方在参与沟通中，也会抱持相同的期待。沟通能力不足或沟通技巧不佳，会导致与他人协作时出现困扰，造成很多组织上的无效行为，以及时间和金钱的浪费。沟通要有效率和效益，如同棒球场上的投手与捕手，两人必须善尽自己的责任，投手有高超应变的技巧，捕手有实时适当的响应，两人有来有往，方能掌控全局。

企业领导者如何才能掌握良好的沟通能力，使组织运作具有高效能？我们可以有意识地学习和改善沟通技巧，兼顾说和听。至于如何说得好，首先，我们要明白沟通的目的，了解对方想听什么，如何解读信息；其次，选择合适的时间、地点，并依据具体状况，选择最佳的沟通方式，注意遣词造句；

最后，随时询问，关注对方是否理解我们说的话。至于如何听得好，首先，专心听对方说话，没有预设立场，态度要开放，并保持视线接触；其次，随时记录重点，听不懂要提问，确保信息正确；最后，观察对方的肢体动作，体会说话语气中的情绪，并善意回应。

当对方说话时，我们常常会同时做其他的事，思考其他的事，甚至被外在环境所干扰，导致无法全神贯注听对方说什么；或者，我们对说话的人、说话的内容不感兴趣，甚至有成见，往往左耳进右耳出，有听没有到，并不在乎对方说了什么。倾听能力差的人无法接收信息的全貌，无法判断信息的真假，无法理解信息的价值，如此一来，比起说话能力差的人，更容易误事。因此，企业领导者必须持续学习沟通技巧，打开自己的全能感官，无论是说话，还是倾听，都能够感知自己的目的，洞察对方的需求，增进理解、降低误解，发挥影响力，促进彼此的合作。

CEO 会遇到的挑战
如何有效理解和影响员工，以成就共同目标？

美国卡内基公司创始人戴尔·卡内基在《卡内基沟通与人际关系》一书中，举出了相当多的实例，说明倾听是最有效的沟通，可以快速开展和促进人际关系。

在诡谲多变的商场中，获取谈判成功有何秘诀？哈佛大学校长查理·伊略特认为："生意上的往来，并无所谓的秘诀……最重要的是，要专注于眼前同你谈话的人，这是对那人最大的奉承。"伊略特本人非常擅长倾听，根据小说家亨利·詹姆士的回忆："伊略特博士听你讲话的时候，并不是沉默没有反应，而是有另一种活动的形式。他坐得笔直，双手放在膝上，除了拇指互相交扣，发出或快或慢的动作之外，整个身子都很稳重地静坐不动。他面向对谈者，仿佛用眼睛和耳朵同时倾听。在你讲话的时候，他会全神贯注，注意你讲的每一句话……到了面谈结束的时候，你会觉得，仿佛该说的话都说出来了。"

在美国内战最黑暗的时刻，林肯写信给一位家乡的老朋友，请他到华盛顿共商国是。这位老朋友来到白宫，林肯与他谈了好几个钟头，都是有关宣告解放黑奴的可行性的。林肯从头到尾检查了所有赞成与反对的说法，有人为了不解放黑奴而攻击他，有人则怕他解放黑奴。如此交谈了好几个钟头之后，林肯向这位老邻居握手告别。其实，这位老邻居根本没有什么意见，也谈不上看法，整个谈话中，林肯多半是自问自答。然而，因为有了这次谈话，林肯的思路变得更清晰了。确实如此，林肯不需要什么忠言，只需要一个友善的、会表示同情的听众来分担压力罢了，这也是一般人碰到困难或伤心事时的心态，也是所有消费者、员工、朋友的需要。

或许因为专业的关系，20 世纪最伟大的心理学家西格蒙·弗洛伊德也是一位善于倾听的听众。弗洛伊德的朋友如此描述："他给我的印象极深，真使我终生难忘。从没有一个人像他那么全神贯注。他的眼神并不锐利，不是那种摄人心魄的眼光，而是柔和可亲的。他的声音低沉亲切，也很少用手势，但他凝神听我讲话的态度，使我难忘。"确实如此，谈话中只说自己的事的人，通常只想到自己。只想到自己的人好像根本没有受过教育，无论你怎么教导，还是无药可救。我们必须注意，我们的谈话对象对自己的兴趣要多过于对我们的兴趣。

孔子当 CEO 会如何做

子曰："侍于君子有三愆：言未及之而言谓之躁，言及之而不言谓之隐，未见颜色而言谓之瞽。"（《论语·季氏》）

孔子说:"我们随行在长辈身旁,通常容易发生三种错误:还没轮到可以说话的时候,却抢着说话,这是急躁;该说话的时候,却保持沉默,这是隐瞒;说话的时候,不观察对方的表情,这是失察。"

子绝四:毋意,毋必,毋固,毋我。(《论语·子罕》)

孔子极力断绝一般人常犯的四大毛病:凭空想象、主观武断、坚持己见、自我膨胀。

我们可以学到什么

沟通的困难在于必须同时兼顾说话和倾听,孔子提醒我们在说话时容易犯的三种错误:未能把握好说话的时机、未能判断好说话的分寸、未能管控好说话的过程。说话比倾听容易,因为我们想要争取他人认同我们的想法、支持我们的做法,只需要给出一个为何如此、如何才好的做事理由。做事有理由,知道为什么,人们就容易被有效说服。企业领导者在调动员工的工作热情时,沟通的理由要面面俱到,提出的利弊分析越多,对方越能够在其中找到一个可以信服的理由。

此外,孔子也提醒我们倾听时的注意事项:没有事实依据时,不随意猜测、想当然;不受过去经验的影响,判断事情一定如何;不固执己见,要善于变通;不自认高人一等、看不起他人。"意"、"必"、"固"、"我"是沟通态度的问题,尤其是倾听技能偏差所致,只知道有自己,忘了他人的存在。如果这样,沟通的效果不会好。企业领导者如何提高沟通的成功率?学习倾听对方是不二法门。

成功的倾听有三大要诀。

1. 表现谦虚

企业领导者通过持续学习能够见多识广,眼界放大、胸怀开阔之后,就不会认为自己的见解是独一无二的。对于他人的观点甚至批评，领导者可以从欣赏与包容的立场，与对方平等对话，促使对方说出内心的真实想法，进而自我反省，发现自己仍有哪些不足之处，丢弃自己的偏失之见，更好地听懂对方的话。

2. 专注听话

企业领导者在沟通的过程中，尤其是说服对方时，不仅要懂得如何说话，而且要仔细倾听对方，了解对方的想法、立场与态度，还要想方设法使对方多说话，得到我们想要知道的信息。在倾听的同时，也要多观察对方的表情、动作、语气，掌握其心理状态与变化，通过这些信息我们可以想出更有效的说服理由。

3. 不批不驳

我们在倾听他人说话时，往往忍不住要加以批评、反驳。企业领导者在说服员工时，无论员工说了什么不中听的话，要能够忍耐、包容，尽可能避免立即批评、反驳。员工得到鼓励，心理上较笃定，说话更有自信，许多难以开口的事，不知不觉中都会说出来。

第 19 堂课
为团队持续灌输正能量

任何伟大的企业，其组织的设计和运作，展现出极大的相似性，即有鲜明的团队意识、专业自信、服务热忱。这些组织特色、能力的培养，有赖于企业领导者与团队在观念、态度与行为三方面，进行良好的沟通、协调、整合，确保组织发展具有专业实力、服务动力、创新活力。

全球最大的咖啡连锁店星巴克致力于创造人们在工作与家庭之外的第三生活空间，将"体验服务"做到了极致，其员工以"伙伴"互称；苹果公司超越顾客期待，颠覆了智能手机的工艺美学，其员工被视为"天才"；迪士尼乐园把欢乐带给人们，成功塑造了经典卡通人物，员工的工作如同"演艺人员"。企业与员工对角色认同的一致性，直接影响了顾客体验的质量、团队合作的绩效，间接影响了员工学习新技能的成效与组织氛围的好坏。企业领导者如何确保员工有正确的角色认同？企业必须刻意对员工进行教育，引导员工树立正确的价值观，展现良好的工作态度与积极的学习精神。换句话说，先使员工认同为什么我们必须做这些工作，以及我们可以如何努力把工作做好。

国际管理学大师、美国斯坦福大学教授詹姆斯·柯林斯在《基业长青》一书中提出企业领导者必须扮演好"造钟"的角色，而非"报时"。领导者应该拥有前瞻思维，创造符合时代所需的产品与服务，而非汲汲于寻找商机；领导者建构与强化具有创新能力的组织特质，而非一味展现自身的领袖魅力。简单地说，"造钟"就是建立制度、系统、团队，使得组织管理依循企业文化、价值观自然运作，不必依赖杰出的领导者或偶然天降的市场机遇。

CEO 会遇到的挑战
组织价值观如何讲清楚、说明白、守得住？

台湾寿险公会理事长林文英信奉儒家的"中庸之道"处世原则："孟子说性善，荀子说性恶，均非绝对代表人的本性，性善性恶乃因人而异，以及因后天之习性而有所差别。自信骄傲、谦虚自卑、得意忘形、失意丧志、刚强霸道、温和懦弱，均过犹不及。个性的发挥，进退之间如何拿捏恰到好处，着实不易。这两极之间的体悟，即中庸之道。"

林文英认为，领导者不应以自身的个性喜好来领导团队，因为这样容易不理性或流于情绪化。"中庸"即不偏不倚，在于"做人退一步，做事进一步"，无过与不及的企业精神与价值。换句话说，领导者自己要有热情，方能感动人，影响下属的态度和行为，而且必须掌握"尖"、"方"、"圆"的做人做事原则。做事要积极，即使面对困难障碍也要尽最大的努力，发挥"尖"的精神勇往直前，像锥子般钻透过去，克服困境，取得绩效；做事和做人要有原则，发挥"方"的精神，有所坚持，如果触犯了公司的底线，不分层级，一律开除，另外，必须执行公开、公平、透明的考核机制，无论是谁达到要求的绩效标准，都可以直接晋升到特定岗位与职级，不会受到人情关系的困扰；至于做人，在和谐为公的原则下应能够发挥"圆"的精神，与他人相处互动时，尽量求圆满，即使自己情绪不佳，也要容忍，进一步提升自己的修养。

"尖"、"方"、"圆"的领导哲学，可以深化团队价值观，因为"尖"是领导者秉持"为"的精神，关注问题点，力求突破；最终目的是使事情的发展朝向"圆"，即"圆融"、"圆满"、"圆通"，也是"无为而无不为"的管理境界；"方"是领导者做人做事的标准，也是对下属的工作要求与对顾客服务的品质承诺。

孔子当 CEO 会如何做

子曰："智者不惑，仁者不忧，勇者不惧。"（《论语·子罕》）

孔子说："持续学习的人，能够明白事理的本末因果，因此不会疑虑、困惑；懂得沟通与包容的人，能够展现无私的自信，因此不会担心、忧愁；具有勇气与执行力的人，坚持做对的事，因此不会恐惧、害怕。"

我们可以学到什么

"智"、"仁"、"勇"三达德是中华文化五千年一脉相传的智慧结晶，也是人类普遍的道德标准，具有普世价值。孔子将其视为个人、家庭、国家正能量的源泉，一生学习、追求的生活价值与生命境界。确实如此，有扎实知识基础的人，将有良好的判断力，不会无所适从、随波逐流，懂得"己立立人，己达达人"；具有向善人格的人，有良好的品格，不会担心成败、忧愁得失，懂得发挥自强不息的精神，并且"知其不可而为之"，有机会开创丰富自在的人生；有无畏无惧勇气的人，将有坚定的意志力，不会被一己私欲所牵制，懂得修心涵养浩然之气，勇往直前，做对的事。

企业领导者必须经常言传身教，不厌其烦地倡导和印证企业所认同、追求和坚持的价值观。孔子的领导方法包括：指导、教导、辅导、督导。导是关键，指的是因材施教。针对新入门的学生，孔子会直接告诉他该做什么，不该做什么；对于已经学了基本做人做事道理的学生，孔子会分享自身的经验，使学生对传统价值有信心；对于已经学会思考问题并且找到答案的学生，孔子会通过近身的观察，提醒学生要用行动去印证；当学生有自信去做正确的事时，孔子会评价做得好不好，共同反省如何可以做得更好。《论语》记录了孔子与学生之间的对话，通过对话持续不断地反思和总结经验，最终达到传道、授业、解惑的目的。

华为公司在手机移动通信市场居领先地位，其经营团队具有强大的竞争力，得力于"艰苦奋斗"的企业文化。这一核心文化形成所有员工的共同价值观，落实在制度层面，则是"高效率、高压力、高工资"。"奋斗"的价值化成组织运作的动力，从招聘、薪酬、晋升到淘汰的制度设计，确保努力奋斗的人可以获得最大的利益，同时推动了公司快速发展。企业领导者在追求利润的过程中，应该有所自觉、有责任感，积极主动打造出组织与个人双赢的成功平台，持续给予团队明确的方向、可行的方法、诱人的激励。

> 若员工身体健康，心境平和，有自主性，
> 愿意做对的事，追求卓越的服务，
> 企业则可以给顾客留下正面的印象。

第 20 堂课
超越顾客期待的服务

在电子商务日趋红火的今天，实时、精准、亲切的服务尤为重要。卖家通过争取好的买家评价，塑造自己网络公民（Web Citizen）的良好形象，并促进更多的商机与分享、交流。成功的市场营销，在于营造良好的顾客体验，满足顾客需求，更进一步，以超越顾客期待为目标。任何新产品和新服务在上市之初，若无法快速吸引顾客眼球、赢得顾客青睐，放弃可能是最好的选择。

英国伦敦商学院弗里克·韦穆伦教授研究企业该如何满足顾客需要，他发现，企业若想以创新的产品和服务发现并满足顾客仍未被满足的需求，很可能需要"忘掉你的顾客"，将顾客摆在第二位。这看来与我们惯常的营销认知——顾客聚焦、顾客第一、顾客是上帝——明显背离。其实，企业领导者致力于创新顾客服务，若反向思考，暂时忘记顾客的存在，将更有机会满足顾客从现在到未来的需求，而非只是满足顾客当前的需求，只是追随顾客。暂时忘记顾客的存在，可以促使企业更有勇气，不要问顾客要什么，而是进

行创新，发明新的产品与服务，给顾客连他们自己都不知道想要的东西，从此以创新改变顾客的偏好，引领顾客享受新体验，超越顾客期待。

企业经营以顾客至上，员工也必须先成为自家产品和服务的热心消费者，这样才有机会亲身感受顾客的消费体验，了解顾客的消费期待。我们如何有效了解顾客的需求？

• 可以邀请企业领导者，界定目标顾客的种类与分级。

• 可以请企业领导者来预测，为什么顾客会选择从本企业购买产品或服务。

• 可以通过市场调查，了解顾客为什么会选择从本企业购买产品或服务，借以判断企业内部领导者与外部顾客之间是否拥有相同的消费动机与标准。

• 可以促使企业领导者去思考，如何才能与目标顾客建立更紧密的互动联系，并邀请顾客参与产品的设计。

CEO 会遇到的挑战
市场输赢第一还是顾客为尊？

TABLE 是中国互联网界热门的字母，T 是腾讯，A 是阿里巴巴，B 是百度，L 是雷军，E 是周鸿祎。平常身穿红色 T 恤、心直口快评点同行的奇虎 360 董事长周鸿祎被称为"红衣战神"，他与阿里巴巴的马云相互叫板，相互封杀；他推出免费杀毒软件，使竞争同行活不下去；他与腾讯从 2010 年开始 3Q 大战，缠斗达四年之久。周鸿祎曾宣称："不管是群殴还是单挑，奉陪到底。"

周鸿祎为什么会变得如此"好斗"？话说在 2002 年，为了增加 3721 地址搜索软件的用户数量，周鸿祎大方烧钱，用 2000 万元大做广告："不管三七二十一，中文上网更容易。"而在与百度的交锋中，网民使用 3721 装机后，会将对方的软件删除，因此，周鸿祎拥有了一个不体面的称号，叫作"流氓软件之父"。这一称号被周鸿祎视为耻辱，因为意识到过度竞争，突破了底线。此后，为了赢回声誉，周鸿祎给自己设了底线，做任何事情，必须对用户有价值。

奇虎推出 360 杀毒软件，这一软件不仅满足了网民自我保护的巨大需求，而且是完全免费的，推出之后迅速得到了用户的认可。因为坚持"对用户有价值"的原则，也因为用户的支持，奇虎得以在各大网络巨头围剿时立稳脚跟，同时改写了互联网安全界的游戏规则。

孔子当 CEO 会如何做

子曰："其身正，不令而行；其身不正，虽令不从。"（《论语·子路》）

孔子说："身为领导者，必须言行端正，以身作则，下属会学习效仿；如果自己言行不一致，以私害公，即使有明文规定，下属也不会遵守。"

我们可以学到什么

从宽泛的说法来看，企业服务的对象包括所有利益相关者，如顾客、员工、股东、上下游价值链的合作伙伴，而顾客因为是消费的主体，总是被视为核心关注的对象。如何满足并超越顾客期待，一直是企业领导者的一大挑战。孔子从日常生活、工作经验中，提炼出一个"恕"字，可以启发我们掌握顾客需求、满足顾客需求的内涵。中国的汉字多从生活经验中得来，平实易懂，我们看"恕"字，上"如"下"心"，意思是说：我们要以自己的心意，去理解、体会他人的心情。换句话说，"恕"即同理心、同情心。企业想要贴近顾客需求，满足甚至超越顾客期待，要以自己的体验去映射、体会、洞察顾客的心态，想想若我们自己是顾客，不想被如何对待，或如果我们自己对产品和服务的体验不佳，就不能提供给顾客；相反，若我们的生理、心理从特定商品和服务中获得满足，我们即可快速将相关的商品和服务提供给顾客。

企业抱持对顾客的同理心，是赢得顾客忠诚的不二法门。企业把"顾客第一"设定为企业文化的核心 DNA，同时，领导者必须先将员工视为顾客，理解员工的需求，无论是员工对于工作职位、工作任务、工作流程、工作规范、组织文化、工作环境、管理风格、薪资福利等的要求，还是职业发展、家庭、生活方面的要求，员工形形色色的问题，企业应设身处地以包容、开放的态度，用真心实意去沟通、交流，想方设法去解决，企业就会得到员工的认同，提高员工的满意度，取得员工对工作投入与服务顾客的承诺。

十几年前，以预言大趋势闻名的美国趋势大师约翰·奈斯比特出了《高科技高感性》（High Tech High Touch）一书，反思了我们身处数字时代，无论工作或生活，被高科技所主宰，在这样的环境中，我们应该通过艺术欣赏、宗教情怀、人与人之间的关爱、融入大自然中，更加关注自我的感受，以高感性找回生命的意义与价值。同理，企业为顾客提供的服务，借由员工来传递，若员工身体健康，心境平和，有自主性，愿意做对的事，追求卓越的服务，企业则可以给顾客留下正面的印象。更重要的是，若员工对工作负责，则能够找到自我存在的价值，并为顾客提供充满感恩与关怀的服务。如此一来，企业可以打动顾客的心，顾客因为感动而有了消费行动和体验，并乐于回馈。这也是为什么我们常说有快乐的员工，才有满意的顾客的原因。

找对的人， 做对的事，
放弃不对的人， 不要做出不对的事。

第 21 堂课
选对人成功一大半

20 世纪最伟大的管理学家之一彼得·德鲁克在一本写给企业领导者看的书中曾说："有的组织常说'人才是最大的资产'，但是，这些组织通常说得多做得少。"确实如此，重视人才发展与管理的企业，总是把人才摆在第一位，视人才为可以为企业持续创造财富的"人财"。

以追求创新而著称的苹果公司创办人史蒂夫·乔布斯也说过："我过去常常认为一位出色的人才可以顶两名平庸的员工，现在我认为能顶五十名。我大约把 1/4 的时间用于招募人才。"好的人才，可以组建高效率、高创造力的专业团队，在实现自我的同时，也可以满足和超越顾客期待。找到对的人，确实好处多多：

- 可以降低离职率。
- 可以提高生产力。
- 可以维持团队士气。
- 可以节省主管时间。
- 可以节省培训成本。

如何有效选人？古今中外的国家领袖、企业领导者各有各的独特看法，例如，清代中兴明臣曾国藩有看人口诀：邪正看眼鼻，真假看嘴唇；功名看气概，富贵看精神；主意看指爪，风波看脚筋；若要看条理，全在语言中。世界级的投资大师沃伦·巴菲特选人有三大标准：聪明、灵活、诚信。面对复杂多变的全球金融市场，聪明使你能很快掌握现状、理解问题、研拟对策；灵活使你快速反应、随机调整、借力使力；以上两项人格特质或能力，可以协助我们把事做对，而唯有诚信，可以通过沟通、分享，增进我们与团队、顾客彼此间的理解和信任，也可以督促我们做对的事。

CEO 会遇到的挑战
如何培养接班人，指定还是靠制度？

2005 年，万科集团董事会主席王石在一次与蒙牛乳业创始人牛根生的交流中，谈到了万科如何培养接班人的问题。王石从新中国的诸多历史事件中总结出自己的看法：把接班对象设定在一个人身上有很大的风险，定向培养接班人往往是不成功的。万科不培养接班人，只建设制度。公司一把手当然很重要，如果明显证明该人不胜任，在制度的保障下，淘汰换人还是相对容易的。

王石的接班人郁亮独当一面，表现出色。当初万科是如何选对人的？王石表示，在选择郁亮接班时考虑了两大因素："第一，因为万科增长太快，总体还不是很成熟，需要更加规范化。如果我们从外面挖了一位管过大企业并且循规蹈矩的人来当总经理，这个人肯定对万科的组织文化、工作环境，不能很快熟悉、融入，因此，我们必须从内部挑人，而且不能是刚来不久的新人，一定是待过一段时间的。第二，情商比智商甚至业务能力更重要。情商高的人，可以做好社会资源的整合，对人的使用更包容更有弹性。郁亮是财务出身的，不懂房地产行业，而因为万科搞多元化经营和投资，要求一把手必须具备更多金融、财务相关的专业知识。当然，我们都希望接班人是'又红又专'，有良好的品格和够硬的专业。中国的民营企业能不能做大做强，不必担心没有企图心与创新意识，反而在很大程度上取决于职业经理人的道德水平，道德水平也是情商的一部分，其他还有理念、气质、包容等。郁亮不懂房地产，没关系，我们帮他搭配一位懂房地产的副手就行。"

如何通过好的制度自然培养合格的接班人？王石认为，公司健全的制度对培养合格的接班人很重要。在道德层面，我们可以假定人与人的互动相处都是出于善意，而在管理制度的设计上，必须假定员工有可能禁不住诱惑而产生恶行。换句话说，由于我们无法保证每一位员工都是天使，他们有魔鬼的一面，所以必须通过制度，当恶还没有发生时，或欲望还没有萌生时，就将其抑制。在万科，一位总经理任职满三年，会经历一段临时审计，先调回总部学习二十天，这二十天派另一位总经理入驻，依据制度进行相关作业检核。公司壮大了，授权很重要，一旦授权，请勿横加干涉，因为"用人不疑，疑人不用"，相信员工可以做好。然而，制度管理不能少，有完善的制度才能避免发生致命的错误，避免把信任沦为放任。

孔子当 CEO 会如何做

子曰："视其所以，观其所由，察其所安，人焉廋哉？人焉廋哉？"（《论语·为政》）

孔子说："通过观察一个人的所作所为，了解其动机，看是否有惊慌的神情，若内心有所不安，如何掩饰得了？如何隐藏得了？"

哀公问曰："何为则民服？"孔子对曰："举直错诸枉，则民服；举枉错诸直，则民不服。"（《论语·为政》）

鲁哀公问孔子："做什么，以及如何做，才可以使人民心服口服？"孔子回答："找对的人，做对的事，放弃不对的人，不要做出不对的事，人民就会服从；相反，用错人，做错事，而把对的人弃置不用，把对的事借口不做，人民是不会服从的。"

我们可以学到什么

"如何选对人"一直是企业领导者的主要挑战课题，就连曾是通用电气CEO的杰克·韦尔奇也说自己看人的准确率是 50%～70%，可见按目标寻才、正确选才对企业经营成败影响深远，在人力资源部门的协助下，企业领导者亲自参与招聘工作，并且对用人成败负责。孔子对人有其独特的看法，懂得如何去观察人，并依据观察所得，评价一个人的善恶优劣。"观"指的是看人的整体，如体态、气质；"察"指的是看人的部分，如说话、动作等。依据观察所得，孔子会去思考这个人的动机，如此一来，对于理解一个人可以说是八九不离十。

孔子对人的观察法，说出了行为心理学的关键问题：从行为去判断做事的动机。动机关乎意愿和承诺，无可置疑，我们有强烈的意愿去追求富贵，去实现功名。孔子也说"富贵如可求，虽执鞭之士，吾亦为之"，然而，大同小异的愿望，却往往只有极少数人做得到，因为多数人不敢做承诺，或者，说了不算数，也就是自己欺骗自己，同时欺骗他人，总而言之，就是不诚信，就是"乡愿，德之贼"。

企业所选的人，除了必须具备良好的品德以及做事的能力之外，还要被团队所接受，融入企业文化。而且，对的人总是能够展现强烈的专业自信心，为责任感所驱使，勇于承担，说到做到，言而有信。当然，选对人是企业成功发展的条件之一，剩下的工作，领导者依然责无旁贷，必须：

- 塑造最好的工作环境，发挥人才潜能，产生人财效益。
- 充分信任、授权，并且坚定人才的责任心。
- 持续关注人才的培育发展，沟通职业愿景。

我们相信，对的人是企业最大的资产；对的人值得企业投资，去培养成为人才。因为，对的人可以激发团队工作热情，在良性的竞争氛围下，做得更多，做得更好，创造更丰硕的经营成果。

康师傅集团对人才的引进、人才的任用，有一套严选、优选的标准。对新进人才的甄选，除了年龄、学历、经历、特质这些必要条件外，会重点评估专业、行业、地域、文化契合度、企业家精神五方面的充分条件。考察其是否有充分的专业知识与技能，是否具备相关行业的关键历练，是否有在特定地区的工作或管理经验，是否能够接受企业文化、融入团队，是否有独立思考、创新进取的心态。对储备人才的考评更是借助科学测评工具，以诊断人才的能力强弱项，并进一步评价人才的绩效与潜力，以便做好任用风险评估。对于储备人才的能力缺口，康师傅会通过培训、在职训（OJT）、行动学习、在线学习、导师、教练、轮岗、项目等方式，综合发展员工欠缺的能力、不足的历练。至于储备人才的绩效与潜力的风险评估，则借由九宫格将人才做不同层级的定位，高潜力人才立即纳入接班人的人才梯队。选对人，做对事，企业可以轻松化解人才进不来、人才教不会、人才用不好、人才留不住四大挑战，为组织核心竞争力打下永续经营的扎实基础。

好的目标可以激发员工热情、 满足员工需求、
展现员工能力、 坚定员工信念。

第 22 堂课
组织能力的升级

进入互联网、大数据、云时代，服务平台从有形的门店变成无形的网店，看不见的顾客数量多了，需求更加难以掌握。彼得·德鲁克常说："企业经营的目的，在于创造顾客。"服务顾客、满足和超越顾客需求，是企业存在的价值。因此，顾客第一的商业策略要求除了关注顾客需求之外，还需要关注竞争对手和自身实力。换言之，我们可以说，有效的商业策略必然是：针对顾客的需求，持续提供超越竞争对手的产品和服务。

外部商业环境的变化，直接影响企业目标设定与组织能力建设，因为环境会给组织带来机会和挑战，如全球化、多元化、信息化的趋势，要求组织的反应必须是机动的、弹性的、创新的。由于新的机会和挑战产生新的商业驱动力，企业在拟订目标时，必须严肃面对。

企业目标的合理设定应基于软实力和硬实力，从人性化、科学化、市场化三方面考虑，目标应激发人的成就动机，符合 SMART 标准，响应竞争与顾客服务需求。人性化的考虑应该纳入企业文化因素，从中检视企业经营理念、使命、价值观。换言之，好的目标可以激发员工热情、满足员工需求、

展现员工能力、坚定员工信念。科学化的考虑应该将工作分析、岗位职能、作业流程的效率纳入其中，根据报表数字检视过程。市场化的考虑是指目标应具有对外部环境变化的敏感度，拟定经营策略时，应考虑满足顾客需求、超越竞争对手，在产品和服务方面与时俱进。好的目标应该是企业通过现有和未来资源，从软硬两方面达到：（1）更高的销售额、利润和市场占有率；（2）更密切的顾客伙伴关系；（3）建立最佳营销团队。

有了明确的目标，企业还需要相应的组织能力，去行动，获得效益。组织能力的展现，必须通过管理系统的运作，涉及员工能力、员工认同、员工治理三大层面。员工的能力包括：核心价值、专业技能、职业素养。企业在选人、用人之时，通常会有综合考虑：

- 应聘者是否认同企业价值观、经营理念，并具备使命感？
- 应聘者所拥有的专业能力、过去成功和失败的历练，是否可以立即适用于工作？或仍需要培训、辅导？
- 其人格特质是否符合工作所需？
- 其工作动机是否够强烈？是否能够做出一定承诺？
- 其思维模式是否周全明快？
- 其角色认同是否定位成熟？

企业是否有坚定的使命感、正确的价值观、清晰的愿景，以及合乎人性的经营理念？这些属于企业文化的核心元素，企业若能获得员工心服口服的认同，员工更容易表现出优异的行为，由于员工的工作动机得到了强化，员工的工作能力更易发挥出来。员工治理主要通过企业的领导风格、管理模式，以及配套的规章制度、作业流程、组织架构来实现，其目的在于，使员工的工作态度与表现符合顾客与组织的期待。

CEO 会遇到的挑战

小组织的弹性与大组织的纪律，何者较好？

1984—1987 年，联想的组织结构可称为"平底快船"模式，结构简单，设有经理室、财务部、业务部、工程部、技术开发部等，由总经理直接指挥，权力高度集中，员工一人多专多能。"平底快船"模式的组织运作，符合联想当时公司规模小、产品少、人员少、资金与营业额小的现实，领导者可以灵活、快速决策，有效对下属进行监督和控制。

当企业规模持续扩大后，公司发现有地方不听总公司的号令，放任划自己的小船，甚至出现领导贪腐的行为，"平底快船"模式已无法适应组织发展的需要。此时，柳传志意识到必须组织一支严密、战斗力强的队伍，因此，提出了"大船结构"的管理模式，将地方的权限收归中央。"大船结构"组织管理的特色在于：集中指挥、分工协作。公司包括经营、开发、生产三大主体，设置了统一的决策、供货、财务系统，实行人员、资金统一调动管理。企业内部落实目标管理和指令性的工作方式，统一思想、统一号令。各"船舱"（功能部门）实行经济承包合同制，任务明确，流水作业，可以确保提高工作质量和效率，并且调动员工积极性。另外，推动制度化管理，以及集体领导，在董事会下设置总经理室，四名成员，两名在内地，两名在香港，统一指挥。

柳传志身为大船船长，特别要求所有管理人员："一定要局部服从全局，个人服从整体。应该从自己的当前利益出发考虑大局，否则自己非碰壁不可。大局看清楚以后，一定要识大体，有的部门负责人还是不能理解，但你非做不可，要不然只会给自己添麻烦。""大船结构"的优势体现于：企业构建坚强有力的整体，可以发挥 $1+1>2$ 的效益，形成具有团队意识的"大船思想"，为联想赢得社会各界的支持与认同提供保障，增强了联想开拓市场和风险管理的能力。

"大船结构"强调统一思想、统一指挥，中央集权有效增强了企业的竞争力，但也在一定程度上阻碍了"小船"（创新应变）的发展，弱化了员工的积极性。为了化解"大船"不易掉头、市场反应慢的问题，柳传志把组织再变为"舰队模式"，通过这次管理变革，在释放"小船"的同时，又用统一的财务、人事、经营决策权，将"小船"绑成一支舰队。"舰队模式"的优势是，一方面，强化了"大船结构"提出的整体作战、追求企业利益最大化的需求；另一方面，加入了人本管理思想，为日后的企业发展、组织能力升级奠定坚实的基础。

孔子当 CEO 会如何做

子曰："智者不惑，仁者不忧，勇者不惧。"（《论语·子罕》）

孔子说："有智慧的人不会感到迷惑而三心二意；有品德的人不会感到烦忧而惊慌失措；有勇气的人不会感到恐惧而犹疑不决。"

我们可以学到什么

"智"、"仁"、"勇"是领导者必须培养、展现的三大德行，孔子提出修炼的路径，包括：好学、力行、知耻，遵循这三大路径，领导者可以达到不惑、不忧、不惧的境界。当员工能够明白事理的本末因果，知道"为何而战"、"为谁而战"时，执行工作就不会有困惑，会坚持到底；当员工能够展现无私的自信心，懂得沟通与包容，执行工作时就不会犯忧愁，会从容应对；当员工能够做出正确的判断和选择，展现勇气和决心时，就不会有恐惧，会使命必达。企业领导者想拥有具备现代三达德的员工，组织能力必须发挥四大核心特色：

- 创新——具备创新能力，能开发新产品、服务、流程或经营模式。
- 速度——能比对手更迅速地完成任务。
- 顾客导向——以满足顾客需求为组织运营管理的重点。
- 学习力——能比对手学得更快。

其中，学习力最为重要。因为，组织能力不是一成不变的，而是与时俱进的，为了适应市场竞争，谋取永续发展，全员必须持续学习，这是组织能力顺利升级的关键。

第 4 篇

推动绩效管理

正义，公平、公正、有效地激励员工

心智清明，保持动态与均衡，有明确价值观，如此有利于理性判断与决策，并且能够展现自信把事情做得恰当、合理、有效，满足自我的追求和他人的期待。

领导者设计有效率和效益的绩效管理系统，必须凭借前瞻的思维、科学的方法，使团队和个人的绩效可以明确聚焦、定期追踪、动态校准，并且通过符合预期的奖罚机制有效激励员工，调动其全力实现目标的信心和决心。

第 23 堂课
实事求是够聪明

企业的生存与发展，关键在执行力。执行力是做出来的，不是说出来的。当企业面对问题与挑战时，管理层会多方研讨，提出可行的解决对策，然而在思辨的过程中，总会习惯性地自问自答一堆"为什么行不通"、"为什么做不到"之类的问题，徒然浪费好多时间。就像金庸小说中的人物周伯通，总是自己左手与右手对打。企业领导者在做决策之时，则会想方设法思考"怎么做、做什么可以行得通"，使得激动人心的伟大想法可以落地执行。换句话说，企业领导者的思维逻辑简洁有力、实事求是，会追问"这意味着什么"（So What）与"为何会如此"（Why So），直到找到真正的问题与有效的解决方法。

国际管理学大师彼得·德鲁克在《使命与领导》一书中曾说："表现好的人和表现不好的人，差别并不在于天分，而在于工作中习惯使用什么态度和基本方法。"以突破思考框架的策略面对问题，以真诚勤奋的态度理解过程，以"大胆假设、小心求证"的方法验证对策，的确，方法总比问题多。

企业问题的抽丝剥茧过程需要有高超的思考技术，策略专家大前研一总结的方法为：以事实为基础、以假设为导向、以系统为结构。在具体的方法上，可以说是 5W2H1T1E，即 Why（为什么要做）、What（做些什么）、Where（从哪些地方做）、When（何时该做完）、Who（谁去做）、How to（如何去做）、How much（做要花多少钱）、Target（目标族群）、Effect（效益）。

CEO 会遇到的挑战
如何有系统思考地去解决问题？

自古至今，医生的职业高尚，医生向来是人民健康的守护者。然而，看病贵、看病难仍是人民心中的痛。政府致力于深化医药卫生体系改革，也着眼于解决"以药养医"和"红包文化"的问题，力图建立符合医务人员特点的人事和薪酬制度。

1995 年，"联新国际医疗集团"于台湾桃园平镇创立坜新医院；2000 年大陆总部建于上海；2002 年成立辰新医院，是大陆首家台资医院；2012 年，成立上海禾新医院，成为海峡两岸经济合作框架协议（ECFA）签订后大陆首家台商独资医院。总执行长张焕祯抱持"努力做些值得尊敬的事"的心态，认为台湾医改的经验彰显出实事求是的精神，可资借鉴。

台湾医生的薪酬基本上分为三类：固定薪制、浮动薪制、混合制。固定薪制的优点在于，收入固定，安全感和忠诚度高，没有业绩压力，更能关注患者需求；固定薪制的缺点在于，在医疗服务业绩下降的时候，薪资成本会提高。浮动薪制的优点在于，收入跟绩效成正比，使医生拥有最大的自由度；而缺点在于医生可能不愿意配合医院的政策。混合制的确能够综合固定制、浮动制的优点，减少缺点，然而，制度设计与管理相对较复杂，若运用不佳，或计算失误，可能会使医院成本增加。台湾现在已经没有固定薪制，使用最多的是混合制。

台湾有所谓提成医师费，或说成是医生提成制。台湾医生依据所提供的门诊、住院、开刀、检查等医疗服务数量，从医院领取一定金额或比例的医疗费用作为酬劳。在台湾，多数医生是以服务数量来计酬提成的，而不以服务收费金额总量来计酬，开药品和检验是没有提成的。因为若是以金额抽成，假定一天看了 30 个病人，有 3 万元总收入，提取 10％的医师费，可能会诱导医师多开药、多做各项检查。在台湾没有职称制度，只有主治医师可以看门诊领取提成，而且实行主治医师负责制。医师提成制的优点在于可提高生产力，增加医院业务量及收入，至于在教学与研究方面，也可以设计提成。当然提成制的缺点是，可能会使病人接受不必要的检查或服务，以及医生彼此争抢病人，选择性服务，甚至过劳。

台湾医生为自由执业，可以进行多点执业备案，而大部分时间在本院工作。台湾医生每年必须发表论文，但并非强制性的；教学则是强制性的，至于门诊、病历讨论也有固定的数量。

台湾医生薪酬制度中有所谓上限（Ceiling）和重新分配（Pooling），若医生的收入超过上限，医院虽然会支付，却会打折扣。例如，医生收入超过医院规定的上限 10 万元台币，10 万～15 万元台币可能只能拿六成，15 万元台币以上可能就拿三成，多出来的四成和七成提成公积金。如此设计是为了兼顾团队与个人需求，医生问诊必须有科室的配合，同一科室的医生，将自己的收入拿出一定比例重新分配，资历高的医生拿得多，还可以补助出国进修，补助团队培养等集体事务，可谓一举多得。

孔子当 CEO 会如何做

子曰："不曰'如之何、如之何'者，吾末如之何也已矣。"（《论语·卫灵公》）

孔子说："如果遇到事情，不去思考'怎么办，怎么办'的人，我对这样的人也不知如何是好。"

子曰："众恶之，必察焉；众好之，必察焉。"（《论语·卫灵公》）

孔子说："如果众人都讨厌一个人，有必要弄清楚原因；如果众人都喜欢一个人，也有必要弄清楚原因。"

我们可以学到什么

孔子有淑世的理想，却也是务实主义者，遇到困难和挑战，愿意去思考可以做些什么来改变现状、如何解决问题。思考可以做什么以及如何做的前提，是必须有明确的价值判断标准，这样才可以有自己的想法和自己的主张，不人云亦云。

任何企业为了达成经营目标、赚取利润，无一不是务实主义者。领导者必须熟悉与精通目标管理。目标管理的黄金法则为 SMART，即目标必须是明确的（Specific）、可衡量的（Measurable）、可得到的（Attainable）、结果导向的（Result-based）、有截止时间的（Time-based）。换句话说，我们设定的目标，必须是清清楚楚的、可以数字化的、有可能实现的，并且在有限的时间内，以结果评判行动的成败。

孔子也有 SMART 的做事方法，即中庸，指的是用心思考、规划、判断如何融会贯通，把事情做好。中庸的具体能力包括博学、审问、慎思、明辨、笃行。博学是指通过良好的观察力、学习力，去积累专业知识；审问是指通过实事求是的态度，去质疑因果、逻辑，以发现真相、真理；慎思是指通过过往的经验，去模拟、联想，以看清事情的全貌；明辨是指通过更充分的信息，去判断利弊，做出较佳的价值选择；笃行是指通过执行力、意志力，去实践、印证想法，达成设定的目标。这些中国传统的能力传承至今，仍具有时代意义，富有创新精神，企业领导者用心体会学习后，可以应用于实践，更聪明地领导团队、管理企业。

第 24 堂课
趁年轻宁可多做

　　企业存在的目的，是达成共同的目标，实现共同的愿景。目标和愿景都是美好的想法，必须通过行动去实现。执行力是组织能力最重要的组成部分，是企业创造顾客的核心能力，三流的想法、二流的人才，加上一流的执行力，永远比一流的想法、一流的人才，加上三流的执行力更好。简而言之，执行力是把事做好的能力。

　　中国联想创始人柳传志认为，团队要有好的执行力，必须用合适的人，做合适的事。良好的执行力来自强烈的工作动机、专业的核心能力、合适的工作环境。换句话说，执行力必须有明确的目标，以及对目标有合理乐观的期待，并且可以通过展现专业能力，在有限的时间、资源下达成目标，确保组织永续发展。

　　什么样的人最适合锻炼和提升执行力？阿里巴巴创始人马云一直鼓励、相信年轻人，认为年轻人的热情、活力、创意，可以改变全世界。确实，我们年轻的时候，像一张素白的画布，可以自由、随心地学习，依循人生的价值观与理想，在自己的人生画布上涂上不同的色彩，经营自己所钟情的印象、写意、山水、花鸟等不同的人生态度与风格。此外，从职业生涯发展趋势看，年轻人因为感受性高、反应灵活、学习力佳、可塑性强，可以以较短的学习曲线学到知识、技术及人际互动应对技巧，可快速成长，所以年轻人应该加速积累工作经验，以至成熟并胜任工作，为组织做出贡献。

CEO 会遇到的挑战
如何使年轻的员工学得快、做得好、贡献大？

在管理实践中，海尔集团创始人张瑞敏以孔子的《论语》为师，采纳"兼收并蓄、创新发展、自成一家"的领导思维，将中国传统文化精髓与西方现代管理思想相融合，力行"日事日毕，日清日高"的管理模式，缔造出全球白色家电第一品牌，海尔获得了大型家电零售量全球第一的市场实力。

张瑞敏认为，企业领导者的主要任务不是去发现人才，而是去建立一个可以出人才的机制。海尔的用人哲学是："人人是人才，赛马不相马。"伯乐再尽心尽力，再水平超群，相中的人也很有限。企业领导者与其当伯乐相马，不如建立一个公平、公开、公正的赛马机制，让一匹匹千里马自己亮相。赛马的人才发展机制，使得海尔呈现"娃娃兵"现象，员工年轻，平均 32 岁，干部更年轻，平均 26 岁，公司的核心工作与资产配置，全由这些身居要位的毛头小伙决策与执行。

从自身的历练中，张瑞敏深有体会：若单纯凭领导的印象、感觉去提拔下属，如同"相马"，很不规范，也不靠谱，往往会弄错，并且容易挫伤大多数人的积极性。因此，海尔倡导"赛马而非相马"的人才机制，创造一个公平竞争的空间，给每一位愿意做事的人提供发挥专长的舞台。人人有自己的长处，人人都是人才。人才有优劣之分，而优劣之分必须通过"赛马"来判断，张瑞敏常常告诉员工："你是不是千里马，不用我说他说，请你自己说，用自己的行动告诉大家。"

在海尔，除了总裁之外，所有的岗位都是全方位开放的，公开竞聘，没有身份的贵贱、年龄的大小、资历的长短之说，每个月由人力资源中心张贴"赛马公告"，包括岗位状况与招聘条件，要求应聘者提供简历、就职优势、工作计划等书面材料，通过评委小组一连串的考核、笔试、面试、竞选演说等赛马程序，综合评分后，确定人选，使得人人有机会找到发挥自己专长、实现自身价值的位置。

海尔的赛马机制体现了公平竞争、用人唯贤、人尽其才、动态管理的精神。在海尔，年轻的员工通过赛马，有了跃升的空间，看到了奔头，调动了工作积极性，快速学会了思考，学会了做，使自己成为黑马，在赛马场中脱颖而出。

孔子当 CEO 会如何做

太宰问于子贡曰："夫子圣者与？何其多能也？"子贡曰："固天纵之将圣，又多能也。"子闻之，曰："太宰知我乎！吾少也贱，故多能鄙事。君子多乎哉，不多也。"牢曰："子云：'吾不试，故艺。'"（《论语·子罕》）

一个国家的部长问孔子的学生子贡说："孔老夫子是圣人对不对？不然怎么有如此多的才能？"子贡回答："的确，老天爷给了老师成为圣人的资质，老师也能够从方方面面去学习，养成了多种能力。"后来，孔子知道了这段对话，说："这位部长了解我吗？我年少的时候，因为出身低微，所以必须做很多基础粗浅的工作。这对一位具有品德的人而言，算是多才多艺吗？实在是不多的。"孔子的学生子牢也说："我听老师说过，'因为我想学以致用，做了很多尝试都不成功，所以学会了很多技能'。"

子曰："不患无位，患所以立；不患莫己知，求为可知也。"（《论语·里

仁》)

孔子说："不要担心没有合适的工作，要担心如何可以胜任工作；不要担心他人不知道自己的能力，只要努力工作一定可以赢得他人的认同。"

我们可以学到什么

孔子是中华民族的至圣先师，尊重热爱传统，以学不厌、教不厌为一生的志向。孔子的博学多能不是生来如此，是从"志于道"、"据于德"、"依于仁"、"游于艺"的学思历程所得到的，是从年少经历复杂多变的人与事，不断地学习，逐渐成长成熟的。年轻人的成长历程，从家庭、学校到社会，进入工作岗位后，更要加速学习做人做事的道理。把品格高尚当作做人最高的境界追求，把行动圆熟当作做事最佳的能力追求。

台湾润泰集团创始人尹衍梁提醒和鼓励年轻人，要抱持"把事情做到最好"的心态，努力培养自己的价值。而职业没有高低贵贱之分，不可有"给多少钱，做多少事"的想法，形同卖身给老板。年轻人因为多做事、多历练，学到更多知识、技能，体会更多人事变异时，将会找到自己人生的定位，发现自己的天才与使命，更有能力服务顾客、团队、社会和国家。

我们每个人一天拥有 24 小时，不因人而异。任何能力的养成，虽然天赋有一定影响，但凭个人的勤奋努力，可以发挥以勤补拙、滴水穿石的效力。在舞台上的钢琴演奏家，若要达到世界级的水平，若从 5 岁左右开始练琴，到 20 岁时，至少练习了 10 000 小时；而相对比较，音乐辅导老师大约只练习了 4 000 小时。国际级管理学大师彼得·德鲁克曾说过："任何人只要用心专注，花三年就可学会任何一种专业。"今日，时间与专注是最稀缺的资源，我们应该多学多做，在成就自我能力的同时，可以帮助更多的人，赢得他人的认同。

我们必须使好人变成
有能力创造绩效、 勇于承担责任的人。

第 25 堂课
好人也要会做事

21 世纪企业面临的最大挑战，不是品牌的强弱、规模的大小、服务的优劣，而是优质人才的稀缺以及如何加速成功复制。

过去 100 年，选人的标准有很大的变化，从企业管理的进化历程分析，在 20 世纪初为经验管理阶段，企业领导者多半是身强力壮的人，以勤奋和勇于冒险取胜，为企业赚取机会财；其后的科学管理阶段，企业领导者多半是拥有良好的逻辑分析能力、能够理性决策的人，以制度、系统取胜，为企业赚取管理财；进入文化管理阶段，企业领导者多半是具备丰富知识、专业技能的人，以沟通、整合取胜，为企业赚取文化财；进入创新管理阶段，企业领导者多半是有强烈的工作动机、好奇心、洞见、参与感和决心的人，以快速应变取胜，为企业赚取创新财。

企业经过严格选拔、任用的人，是对的人，也是好人。至于，好人如何才能在复杂、多变、模糊且充满不确定性的内外部环境下，发挥能力专长，创造服务的价值，值得企业领导者特别关注。企业应培养员工，使之成为渴望获得新体验、新知识及他人反馈，并能以开放心态学习和改进的人；善于运用感情和逻辑进行沟通，能够说服他人并与他人建立关系的人；面临挑战或受挫时，依旧能为目标努力不懈的人。企业必须使得好人变成有能力创造绩效、勇于承担责任的人。

彼得·德鲁克也持续不断地思索和辩证管理的本质，总结道："管理是一种实践，其本质不在于'知'而在于'行'；其验证不在于逻辑，而在于成果；其唯一权威就是成就。"换句话说，企业的活动通过团队与员工的行为必须展现出效率和效益。效率可以由员工的专业能力来实现，在有限的资源下，把事做对；效益必须通过由企业的价值观指导员工的工作行为和决策来实现，进一步确保做对的事。

CEO 会遇到的挑战
如何有效改善员工绩效？

美国皮克斯动画公司是数字文化创意的标杆企业，其管理哲学是：一旦争取到具有杰出创意的人才，他们将进行培育，给予最大的支持，提供可以从他人获得真诚回馈的工作环境。组织的同侪文化是皮克斯与众不同之处，皮克斯认为如果将一个伟大的创意交付给一个平庸的团队，创意会被搞砸；反之，如果将一个普通的创意交付给一个杰出的团队，创意会变得有声有色。皮克斯相信，员工无论职位高低，若能够彼此相互协助，便能达成卓越的工作成果。

皮克斯是如何提高员工的绩效贡献的？

1. 由衷信任

当导演或制作人感到手头上的工作需要他人协助时，可以主动召开工作会议，邀请任何他们认为有助于推动工作的人，并展示目前的工作进度。通过两小时左右的主题讨论，大家共同分析如何使作品变得更好，不同意见的阐述可能言辞交锋，但对事不对人。导演或制作人获得来自同侪的批评和指教，更好地了解问题所在，有利于及早解决问题。工作会议之后，导演或制作人将决定是否以及如何针对同侪提出的意见进行工作的调整或改善，没有人有权威命令谁该做什么、该怎么做。出自由衷信任，同侪彼此之间方能心无惧惮，各以专家之姿和开放的胸襟，畅所欲言、接受批评意见。

2. 专注细节

推动每日检视（Daily Review）的工作流程，每个人展现尚未完成的工作项目和进度，让全体团队成员共同检视，导演可以就现有进度做一些必要的决定，是否需要寻求其他团队的支持，而其他成员则可以自由地批评和指教。如此一来，好处有：第一，成员可以克服展现尚未完成的工作的紧张不安情绪，将变得更有创意；第二，导演和创意人员在每日检视的过程中可以和全体团队成员交流重要观念和看法；第三，团队成员可以彼此学习、相互激励；第四，可以避免工作出现意外的结果，当工作结束时，工作成果能够如实展现，不会出现眼高手低或画蛇添足的情形。

孔子当 CEO 会如何做

子贡问曰："乡人皆好之，何如？"子曰："未可也。""乡人皆恶之，何如？"子曰："未可也。不如乡人之善者好之，其不善者恶之。"（《论语·子路》）

孔子的学生子贡提问："您如何看待和评价一位受到全乡人民喜爱、赞美的人？"孔子说："很难说他是一位好人。"子贡问："您如何看待和评价一位受到全乡人民厌恶、憎恨的人？"孔子回答："很难说他是一位坏人。一位好人会在一群良善德高的人中受到欢迎、肯定，而在一群阴险自私的人中受到排挤、诋毁。"

我们可以学到什么

如何看人、评价人，孔子很慎重，也有方法。孔子认为，我们不能够单方面判断一个人的好坏，好人一定是被公认具有高尚的品德操守和正确价值观的人。好人会受到坏人想方设法的利诱、抹黑、构陷，使之与其同流合污，或自我放弃，此时，若好人能够自律，不进入坏人所设的圈套，会使坏人气急败坏，由怨生恨。如此 360°观察人的方法，现今企业领导者也常用，而当鉴别出人才的等级优劣之后，企业有责任，也必须投资、培育人才，使融入企业文化的好员工更有能力做出绩效，使品德有瑕疵、价值观偏差的坏员工尽快另谋高就。

美国通用公司前 CEO 杰克·韦尔奇认为，企业在选才用人时通常会面临三类人，必须做出三种选择：第一类人，价值观正确、态度良好，个人发展目标与企业目标相同，并且能够达成目标；第二类人，认同和接受企业文化，可惜能力不足，无法达成目标；第三类人，精明、干练，能够完成所交付的任务，却在言行中对企业文化、理念、价值观质疑或不认同。第一类人是 A 级人才，必须加强培育，给予更大的舞台和责任；第二类人是 B 级人才，目前能力不足，但是有好的学习态度，可以通过专业培训和岗位历练，提升能力；第三类人短期对公司或有显著的贡献，但从长期来看，因为价值观偏差，恐成为组织的定时炸弹，危害不可估量，必须请其离开，且越快越好。

无独有偶，京东集团的创始人刘强东认为，对于企业的人才管理工作，领导者要有一套自己的能力价值观体系，用以鉴别人才适任与否，以及发展潜力的强弱。主管可以从日常行为中观察员工的价值观倾向，衡量其与公司价值观的匹配度。一个人是否能够入选与任用，第一位考虑价值观匹配度，而能力放在第二位。价值观匹配度高，能力却不佳的人员，可以进行转岗或培育，给予机会；若价值观匹配度低，即使能力佳、经验丰、绩效好，也必须割爱，避免侵蚀企业价值观的基础。

以第一次初试的心情，
虚心学习、 小心谨慎， 并且谋定而后动。

第 26 堂课
用危机锻炼企业实力

企业在追求生存和发展的过程中，一定会遇到很多困难和挑战，为了不使企业陷入困境，把握住机遇，必须具备卓越的风险（Risk）和危机（Crisis）管理能力。

风险指的是在特定环境下，在特定时间内，发生损失的可能性，也可以说是我们期待的目标与实际出现的结果之间的差异。

危机指的是突然发生或可能发生的事故、事件，将严重危害企业形象、利益，甚至企业生存。这些事故、事件通常会引起媒体的报道和公众的关注，使企业立即陷入舆论压力的困境当中。企业领导者若具备高水平的危机管理能力，则可以顺利化解危机，并将危机转化为重塑企业形象的机会。

危机管理是否能够成功，关键在于危机发生前要有周全的应变规划，避免危机发生后因为沟通不良、认知差距，或其他政治、经济、社会环境因素，管理系统失灵。

CEO 会遇到的挑战

如何与利益相关者成为合作伙伴并共同成长？

　　米老鼠、米妮、唐老鸭、灰姑娘、白雪公主、小熊维尼等为人们所熟悉的经典卡通人物，在 2005 年香港迪士尼乐园开幕后，迄今仍在幻想世界、明日世界、探险世界、美国小镇大街、玩具总动员大本营、灰熊山谷、迷离庄园中与游客们共同创造令人难以忘怀的娱乐体验。确实，游客们感到身处于另一个世界，离开乐园时，脸上多半带着笑容。然而，香港迪士尼乐园的诞生历程，并非如同其所述说的故事那么美好。

　　迪士尼公司看中了香港作为购物和美食天堂的优势，以及内地的购买力，加上迪士尼公司全球布局的野心，在 1999 年与香港特别行政区政府一拍即合，合伙成立香港国际主题公园有限公司，于 2003 年大屿山竹篙湾正式动工。迪士尼项目的启动，直接冲击了香港脆弱的生态系统，产生了巨大的环境成本。主题公园的建造，带动了很多附属工程，在建造过程中，暴露了一系列的环境问题，如废船厂的污染清理、填海造陆改变的海洋生态、濒临物种的保护等。这些问题，香港迪士尼要么消极应对，提出救急的措施，要么拒绝回答。

　　由于忽视环境保护，香港迪士尼在 2005 年盛大开业时，游客人数低于预期，加上持续获得公共资金注入的经营管理模式，傲慢、不尊重游客的管理风格，以及乐园的表演人员超时工作没有同工同酬，香港迪士尼乐园的经营前景令人忧心。可以说，香港迪士尼乐园的经营实务，脱离了创始人沃特·迪士尼设定的方向："环境保护并不是少数人的事，而是关乎人类全体，是一部早就写入自然法则的科学。纵使资源有限，我们若能心存敬畏、物尽其用，则子孙万代将受其福泽。"

　　香港迪士尼从广大市民、环保团体的抗议中，学到教训，想要建立顾客心中健康的品牌形象，必须与利益相关者携手合作。为挽救品牌商誉，赢回顾客的信心，香港迪士尼采取了一系列可以展现企业社会责任的措施，包括：(1) 遵守香港当地的法律和法规；(2) 鼓励游客、员工、热心人士参与环保；(3) 持续寻求和推动超越地方监管要求的环保措施。在汶川大地震三周年纪念时，香港迪士尼乐园义工队帮助青川县竹园镇居民兴建房屋，同时将迪士尼乐园的欢乐带给灾区的孩子。当香港绿行者计划启动时，迪士尼公司鼓励孩子们邀请朋友一起做出环保承诺，并付诸行动，积极地参与环保活动，传播环保理念给更多的人。

2008 年香港迪士尼乐园酒店荣获环保卓越金奖，总经理金民豪承诺未来将持续节约用水及其他能源，保护生态环境，减少废弃物、温室气体排放，以对环境做出积极影响，并且举办各式各样的活动，鼓励员工和顾客更关心身边的环境。

孔子当 CEO 会如何做

子曰："暴虎冯河，死而无悔者，吾不与也。必也临事而惧，好谋而成者也。"（《论语·述而》）

孔子说："对于空手想与老虎搏斗，或徒步想去渡过急流，至死也不后悔的人，我不认同，也不会与他们做朋友。一定要选择遇事谨慎小心、喜欢深思熟虑、踏实做事的人。"

我们可以学到什么

孔子指导我们，面对挑战必须永远抱持"凡事预则立，不预则废"的态度，以第一次初试的心情，虚心学习、小心谨慎，并且谋定而后动，如此可以降低失败的风险，事情可以做得好，做得成功。

近年来，全球经济形势相对保守，知名企业为了保持顾客忠诚、市场份额、经营利润，无一不想方设法用更好的服务——"非常服务"，来赢得顾客的满意。"非常服务"包括：员工的应对与态度、产品的核心价值、危机意识与处理。其中危机处理能力，更是"非常服务"的基础。

企业想要使顾客认同、安心，危机管理要做得好，可以遵循下列步骤：

1. 事前预警

预防胜于治疗。在日常管理中，企业应培养全体员工的危机意识，并将危机管理融入企业文化。同时，企业应做好危机管理规划，危机发生时妥善沟通、协调，相关危机处理人员各司其职，按部就班有效应对。如此一来，可以避免因沟通不良或信息不透明导致的恐慌与士气低落。

2. 事中应变

疾风中掌舵，惊涛上取胜。当危机发生时，企业领导者切忌选择沉默，而是必须在第一时间勇于面对危机、公众、团队，掌握危机的现状、已发生的损失，预估可能的发展趋势，避免危机扩大。同时，遵循危机管理步骤，面对危难立即开展救援行动，迅速化解危机。

3. 事后建设

前事不忘，后事之师。任何危机的发生，并非只带来了破坏，危机发生时通过全员危机总动员，不仅提高了员工的危机意识，思考如何改良工作方式和习惯，而且能够强化员工面对危机的心理承受力，也更加懂得尊重他人的贡献与价值。换句话说，危机使得企业重建团队信心，升级和完善危机管理机制。

危机并不可怕，可怕的是没有危机意识，以及应对危机的心态和方法。员工可能会犯错，这是无法改变的事实，而可以改变的是员工工作的态度和方法，以及工作环境，好的环境使员工少犯错，或者在允许的范围内犯错。

以愿景推动与引导团队，
更有机会将人才顺利发展、培养为人财。

第 27 堂课

促进人力资源优化

　　企业如同有机生物体，存在的目的在于追求短期的经营利润，以及长期的永续发展。企业的竞争策略，对外致力于满足顾客的期待，对内则必须思考如何有效激励员工，促使员工有高绩效的表现。绩效是借由行动所创造的，企业领导者专注于发挥人力资源的最大效用，可以通过理解和激发员工行为的动机，使员工在特定的工作环境下有意愿展现自身的能力来实现。

　　动机可视为从需求到实践满足的过程，通常具有使命感的人工作动机最强，敬业度与执行力也最好。动机也代表了在行动中我们对自己的期待。具有工作动机时，我们愿意改变自我的思维模式，愿意与时俱进地学习，把握机会、创造机会，可以坚持初心，可以为了他人使命必达，可以为了承诺全力以赴。

　　人力资源的优化，必须依靠主动的学习与有效的激励，这样才能成功解决人力资源管理常见的三大问题：人才数量不足、人才质量不佳（能力不足、历练不全、个性不合）、人才储备与发展不足。有效的内外部激励，可以提高员工 3C 的成熟度，即职能（Competency）、敬业度（Commitment）、贡献度

（Contribution），使员工展现创业精神（Entrepreneur），学在工作，乐在工作。为了应对现在的经营需求与未来发展的挑战，企业领导者应该厚植组织能力，与时俱进地设定企业发展目标，激励员工持续学习，升级员工工作能力，创造顾客满意的服务价值。

CEO 会遇到的挑战

如何激发员工责任意识，持续创造价值？

华为的成功在于用人的成功。"中国没有太多可以依存的自然资源，但是中国有人力资源优势，应该利用人力资源的优势，创新走出自己的路，我们向世界贡献的应该是我们的知识与智慧。"任正非如此说。确实如此，华为以中国优良的传统文化为基础，建立了自己的企业文化，团结了员工，走向共同奋斗的道路。这群具有狼性的员工，有三大特性：一是敏锐的嗅觉，可以快速察觉顾客的需求；二是不屈不挠、奋不顾身的进攻精神；三是群体奋斗。

如何为企业培养一批狼性人才？如何经营人，管理好人力资源？华为首先搭建出一个以价值为核心的高效的人力资源管理体系。换句话说，一切人力资源管理的活动，必须与价值创造、价值评估、价值分配、价值转换息息相关。领导者时刻牢记如何用整合的资源创造价值、用科学的方法评估价值、用合理的模式分配价值。

企业的经营机制，实质上是一个利益驱动的机制。人力资源管理的目的在于全力创造价值。价值评估、价值分配是前提和必要条件。企业评价员工贡献的方式，应突出体现公正和公平原则。华为的价值分配机制向奋斗者和贡献者倾斜，从高绩效中寻找有使命感的人，如果这个人有能力，就让他小步快跑。

华为以奋斗者为本的文化可以传承下来的基础在于"不让雷锋吃亏"，对那些有使命感、主动贡献的人，组织不会忘了他们。这种文化不是在大喊大叫中建立和传承下去的，而是要落实到考核细节中去。华为尊重有功劳的员工，给他们更多的培训机会，而岗位的分配一定要依据能力与责任心，学历、资历在进入公司后自动消失，一切依据实际能力、承担的责任来考核识别员工。

"不让雷锋吃亏，不让雷锋穿破袜子，不让焦裕禄得肝病"是华为价值分配的重要理念。华为提出"利出一孔"的原则，指的是所有高层到关键骨干员工的全部收入，只能来自工资、奖励、分红，不允许有其他额外的收入。从组织上、制度上，堵住了从高层到执行层个人的谋私利行为，堵住通过关联交易的孔掏空集体利益的行为。

华为在人力资源运用上，坚持"最佳"的原则，即最佳角色、最佳年龄、最佳贡献。换句话说，华为要找到在最佳的年龄在最适合的岗位做出最佳贡献的人。华为选拔干部的"优先"原则包括优先从成功团队中选拔、优先从主攻战场和一线选拔、优先从影响公司长远发展的关键事件中考察和选拔。

何谓关键事件？华为定义的关键事件主要包括四大时机，即当公司经营出现危机时，当公司需要采取战略性对策时，当公司实施重大业务和员工管理政策调整时，当公司业务发展需要员工一定程度牺牲个人短期利益时。核心干部必须在关键事件上，敢于为公司利益而坚持原则。

若企业过于强调结果，会使员工看重短期利益，一个企业应着眼于长期的发展目标，有些行动不能在当期产生直接结果，这是一种责任的体现。若企业的长期目标不能被重视，没有足够优秀的人员去投入，这个企业是没有未来的。核心领导者的责任必须能够得到度量，不能度量就不能够管理，责任的管理在华为也就是关键事件。

孔子当 CEO 会如何做

子曰："好学近乎知，力行近乎仁，知耻近乎勇。知斯三者，则知所以修身；知所以修身，则知所以治人；知所以治人，则知所以治天下国家矣。"（《礼记·中庸》）

孔子说："乐在学习可以说是有智慧，坚持去做可以说是有良知，知道羞耻可以说是有勇气。一个人知道上述三件事并且做到，可以说就懂得了如何成为一个品格高尚的人；知道如何成为品格高尚的人，也就清楚了如何领导人；知道如何领导人，也就清楚了如何管理国家。"

子曰："君子不器。"（《论语·为政》）

孔子说："有道德、有能力的人，其发展不会像一种器具一样只有一种功用，而是不可设限的。"

我们可以学到什么

企业领导者应该激励员工，使员工有强烈的工作动机、更高的敬业度。孔子教诲领导者必须以身作则，持续学习领导知识与技能，言行一致，把执行力发挥到极致。若决策错了，领导者应勇于承认错误，并承担必要的责任。如此一来，领导者将会成为一位具备前瞻思维、有包容度、勇于承担责任的人。领导者通过以身作则，发挥智仁勇的领导魅力，有责任经由团队的建设，使团队中人才彼此协作互补，把员工从人力培育成多职能的人才，以展现强大的组织能力。

"你可以制定出全世界最棒的经营策略，但没有合适的人才，一切都是空谈。每位领导者'首先'应是一位人力资源专家。"杰克·韦尔奇如此说。当企业领导者拥有人力资源管理的意识以及专业的人才管理技能，则可以明确发扬企业的价值观和经营理念，并且以愿景推动、引导团队，更有机会将人才顺利发展和培养为人财。

人力资源管理的最佳境界，我们认为应该是在组织合理化运作的原则下，组建和维护高胜任力、高凝聚力、高绩效的团队，能够有效支持企业目标的达成。当企业领导者将人才发展为人财，人力资本会得到升值，同时组织人力资本将具有四大竞争优势：

1. 倍增的服务价值

人力资源面对内外部环境的挑战与变化，通过计划、决策、执行与检验，可以解决问题，把握发展机会，持续创造价值。

2. 独特的组织能力

要想人力资源展现出组织能力，必须持续对员工进行训练和发展，使组织的人力资源成为核心竞争力，成为适应市场竞争的稀有而无可取代的能力。

3. 特殊的服务系统

人力资源的特殊价值，在于其所创造的产品和服务及其运作机制和环境（包括流程、机制、系统、组织、团队）不易被竞争对手模仿。

4. 优秀的团队建设

为发挥组织核心竞争力，人力资源必须适应岗位职责，妥善规划工作职能，以利完成工作任务、达成目标。

第 5 篇

加速人才育成

立人， 培养专业精湛的行业专家

领导者应怀着同理心和人文关怀，面对和尊重每一个员工不同的知识、技能、经历、特质，激发其学习的志向及奋斗的热情，成为对企业、对社会有用的人。

领导者必须是人才发展与管理专家，从识别高潜力人才开始，发现员工的能力缺口，引导员工学习系统化的专业技能，并且做好"扶上马，送一程"的任用风险管控，持续关注下属的职业生涯发展。

与人互动交往，一定可以
从他人身上学到做人做事的道理和方法。

第 28 堂课
三人行必有我师

企业经营是严肃的课题，除了必须善尽社会责任之外，追求利润也是企业生存和发展的关键。当然，合理的利润是建立在持续的顾客满意基础之上的。换句话说，企业会利用文化、系统、制度的管理工具，引导和塑造员工行为，使员工的行为不是随心所欲的，而是以绩效为导向的。一般情况下，卓越的绩效可以通过使员工有强烈的工作动机，有意愿贡献自己的专业技能来实现，同时企业应提供良好的工作环境。

法国雷诺集团主席卡洛斯·戈恩在 1999 年曾担任日产汽车的营运长，当时大力推动组织变革（Organization Reengineering），实施日产重建计划，使陷入经营危机的日产起死回生。

在美国斯坦福大学商学院的经营案例研讨中，学者专家共同探究戈恩领导力的本质是什么。17 世纪法国哲学家布莱士·帕斯卡把人的思维模式或心智活动分为"几何学精神"和"纤细精神"；国际趋势管理大师约翰·汤恩比则将人的思维模式分为高科技与高感性。前者可敬，后者可爱。前者铁面无私，展现责任，积极追求结果；后者能够掌握员工的情绪、情感，建立信赖关系。

戈恩的领导力，用他自己的话说："即使是大家不想做的事，领导者也要想办法使大家抱持热情去做。""人类的常识比企业的常识更重要。"相当妥当地结合了感性与理性两者，展现了中庸、平衡原则。

CEO 会遇到的挑战
如何从顾客的问题中， 快速学习、 激发创新？

海底捞是来自四川的连锁火锅店，创始人张勇以信任员工、授权员工、善待员工的领导理念，提供超出顾客期待的服务，在大众点评网的顾客打分排名中，海底捞成为连续几年排名前三名的火锅店，而且每一家店都火爆到顾客排队等待，造就了中国火锅店令人惊叹的奇迹。

许多同行异业的企业，如必胜客和肯德基，慕名派区域经理到海底捞参观和学习，张勇形容说："这简直是大象向蚂蚁学习。"表面上看来，海底捞为顾客提供的服务，如擦皮鞋、修指甲、吃水果、喝饮料、玩扑克、下象棋，其他火锅店也容易看到、做到，而学不来的却是服务员的服务精神与团队合作精神。

海底捞服务员的标准是什么？简单地说，海底捞的服务员应该是不怕吃苦的好人，要诚实肯干，对顾客有礼貌，要快速准确，要用脑去服务，要孝顺，不能赌博。海底捞的员工必须宣誓：

> 我愿意努力工作，因为我盼望明天会更好；
>
> 我愿意尊重每一位同事，因为我也需要大家的关心；
>
> 我愿意真诚，因为我需要问心无愧；
>
> 我愿意虚心接受意见，因为我们太需要成功；
>
> 我坚信，只要付出总有回报。

开连锁餐厅免不了标准化的制度和流程，这样可以保证服务质量，却也压抑了人性，忽略了人的创造性。海底捞有很多超乎常态的服务，如叫出顾客的名字、帮顾客买药、给顾客过生日等。这些差异化服务全都是通过员工用大脑想,在实际工作中创造与实践出来的。张勇认为,员工能够用脑服务顾客,彼此互相学习、共同成长,并且不怕犯错——即使公司吃小亏,顾客占小便宜。只有这样才能超越顾客期待、感动顾客。

海底捞一方面对员工严格训练,工时长(一般超过 12 小时)、劳动强度大(每天走路 10 公里以上),员工必须靠自己的双手改变命运;另一方面直面人性需求,给员工家的感觉,而员工心存感激,分工作不分责任,报以微笑,传递真诚的服务热情。张勇用心培育人,对店长的考核指标只有两个:一个是顾客满意度,一个是员工积极度。张勇信任员工、授权员工,使员工拥有主人翁心态,把员工当成餐厅经理,员工可以当家做主,有权送顾客小料或饮料,有权给顾客免一个菜或加一个菜,如果顾客不满意,甚至可以免收餐费。

针对如何服务顾客,服务员会定期举行交流会,彼此分享服务顾客的成功或失败案例。顾客的问题就是海底捞员工学习与思考的方向。为了提高顾客满意度,员工经常会有创新的行为,若被采用了,公司会提出表扬或给予奖金,甚至会以员工的名字命名创新的服务。例如,服务员包丹发现吃火锅时手机很容易被弄脏,于是想到用一个小塑料袋把手机套上,这个发明被命名为"包丹手机袋"。

孔子当 CEO 会如何做

子曰:"性相近也,习相远也。"(《论语·阳货》)

孔子说:"人与人之间,天生的性格、气质是相似的,因为后天接触的环境不同,养成不同的习惯,造成有不同的发展与人生成就。"

子曰:"三人行,必有我师焉!择其善者而从之,其不善者而改之。"

（《论语·述而》）

孔子说："与人互动交往，一定可以从他人身上学到做人做事的道理和方法。至于选择的标准，不外乎是非、善恶，对的、好的我们见贤思齐，赶快学；错的、坏的我们引以为戒，警惕自己不要重蹈他人覆辙。"

我们可以学到什么

在《论语》中，孔子讲得最多的是"仁"，并且以"仁"作为终生学习、修身的最高标准。"仁"并不神秘，"仁"是普遍的人格实践，是人与人之间符合人性自然的相处之道，是人的全面发展。当然，我们可以通过修身养性，使自己有教养、有气质，进而去影响他人；同时，也可以从他人身上发现好的观念、态度、行为，进而使自己学习、改进、成长。

人类最可贵的天赋能力是选择，选择的标准是向善向上。当面对人生千回百折的情况，我们从心之所向，做了选择，如同从善如流，有机会使自己充满正能量，造就幸福美满的人生；即使我们因为心里没底、担心、害怕而不做选择，或者去适应、将就现状，纵使无奈，这也是选择。人生是一连串有意和偶然的选择，选择的不同，人生的发展与结局也不同，而我们终究要对自己的选择负责。

企业领导者要懂得沟通、激励，营造热情洋溢的工作氛围，打造使团队成员可以展现能力的工作环境。那么领导者判断该做什么、不该做什么的标准是什么？知识、常识、胆识。知识多来自书本，通过有针对性的学习、阅读，我们可以尚友古人，与古代先圣先贤产生思想同轨、观念共鸣，以适应时代变迁的需求，得到做人做事的方法；常识是经由观察、体验、反省、总结得到的人生心得与经验，经得起时代的考验；胆识与执行力有关，意指如何调动、整合资源，凝聚团队共识，勇于行动、追求卓越。

　　三识汇聚，成为企业领导者必备的高见卓识。确实如此，我们从他人身上可以学到很多，无论是言语表达、行为态度的体察，还是人生感触的分享；阅读好书，思索字里行间的意义，也可以学到很多成功与失败的经验。企业领导者应当效法孔子，有好奇的心灵与好学的意志，以身作则，成为企业的知识长官，持续追求、实践与员工共同承诺的愿景。

第 29 堂课

学习改变自己

　　在快速多变的时代，我们想拥有安稳的生活以及良好的发展，必须发挥人类天赋中适应、改变、创造环境的能力。这个人人具备的核心能力，即学习能力。《论语》将"学而"篇列为第一，我们便可以知道孔子有多么重视教育，多么推崇学习。因为，教育的责任在于老师，好的老师可以传授学生正确的人生价值观，教授专业的知识与技能，解决学生遇到的疑难杂症；相对地，学习的责任在于学生，如何学到做人的道理，养成敦厚的品德，如何学到做事的技巧，锻炼多元的能力。

　　企业为了适应竞争环境的挑战，掌握发展的契机，除了思考如何使现有的人才具备一定胜任力之外，还必须及早储备未来的人才。企业的选才虽有各自的偏好，却也有共通的核心能力标准，包括活动力、适应力、亲和力、好奇心、责任心、同理心等。

　　康师傅选拔的高潜力人才，通常符合五大标准：身心健康、品德良好、工作热忱、孝顺父母、家庭美满。身心健康的人可以理解他人的立场，包容他人的优缺点，平衡工作与生活所需，不会不惜一切追求财富、名位，具体表现为活动力；品德良好的人可以以身作则，成为他人的榜样，不会坐视不公平、不正义的事情发生，具体表现为亲和力；工作热忱的人可以废寝忘食、全神专注于工作，不会每天得过且过，敷衍了事，具体表现为好奇心；孝顺父母的人可以心怀感恩，尊重领导意志、服从团队纪律，不会因为小我的利益伤害大我的愿景，具体表现为责任心；家庭美满的人可以在服务他人时，展现无比的自信，关怀他人的感受，不会产生忌才妒能的心态和行为，具体表现为同理心。

CEO 会遇到的挑战
改变不一定成功，　不改变坐以待毙？

创新工场创始人李开复，曾任微软中国研究院院长、谷歌全球副总裁与中国区总裁，凭借着聪明才智与勤奋努力，一直从事国际计算机科研的前沿工作，又非常关心中国青年的成长，在多场全国高校巡回演讲中，与青年学生分享自己的工作心得与人生体会。

在一次校园演讲中，李开复说："当你忘记你所学的一切的时候，剩下的就是教育。大学四年最重要的是要掌握学习的能力和思考的能力。"李开复回忆，当从哥伦比亚大学计算机专业毕业后，顺利进入卡内基梅隆大学攻读计算机专业博士之前，系主任哈贝尔曼告诉他："做一流的博士论文，不是读博士的最终目的，读博士的最终目的是你在读博士的过程中，获得一种思考的方法，而这种方法将使你在任何一个领域，都获得顶尖的成功。"由于我们处于后学历时代，学历之外的素质训练经历，将被用来证明你比别人更优秀。

宋代理学大师朱熹说："未知未能而求知求能，之谓学；已知已能而行之不已，之谓习。"学习思考比单纯的学习知识更重要，因为，唯有经过反复思考，才能形成自己独特的观点。曾经是李开复领导的比尔·盖茨在总结自己成功的经验时，承认成功归功于：一是勤奋工作；二是刻苦思考。

学习不只是从书本、社会、工作、生活中学习，还少不了从错误中学习。承认错误需要勇气，自我批评更需要勇气，这也是成熟的态度和行为。李开复表示，微软十分珍重的一条企业文化，即自我批评。"我认识一个刚加入微软的市场经理，他带着我们的产品去参加一个商品展。回来后，他兴高采烈地发了一封电子邮件给整个产品小组。他说：'我很高兴地告诉大家，我们在这个展览获得了令人振奋的成绩——十项大奖中我们囊括了九项。让我们去庆祝吧！'但是，他没有想到，在一小时内，他收到十多封回信。大家问他：'我们没得到的是哪一个奖？为什么不告诉我们？为什么没得到那个奖？我们得到什么教训？明年怎么样才能得到这第十个奖？'他告诉我，在那一刻，他才理解了微软为什么会成功。"

李开复建议大家：勇于承认错误，主动接受批评，不断追求进步，同时多听取他人的意见和建议，接受良师的指点，事后认真反省，努力改变自己。企业领导者必须鼓励下属畅所欲言，无论是公司存在的问题还是主管的缺点，都应毫不保留地批评指陈，给出建议。我们应勇于承认错误、修正错误，也要善于自省。李开复总结了一套自省的简单训练方法：准备一个记事簿和一支笔，在每月的第一天，记下：

- 上个月的成功和失败有哪些。
- 成功和失败的原因是什么。
- 要在本月进行的改进计划。

然后，开始按照自己的计划行事，到了每个月的最后一天，还需要做两件事：

- 自我评估改进计划的执行情况。
- 请朋友或同事检查自己是否兑现了承诺。

承认错误、修正错误、改变自己、提升自己，这是一个循序渐进的过程，而成功的关键在于坚持。

孔子当 CEO 会如何做

子曰："学如不及，犹恐失之。"（《论语·泰伯》）

孔子说："学习要抱着好像赶不上时代、时局、时机变化的心态，即使学到了、赶上了，还担心会失去。"

子曰："温故而知新，可以为师矣。"（《论语·为政》）

孔子说："从反省过去的经验中，得到新的见解。如此便可以从事教育工作了。"

子曰："知之者不如好之者，好之者不如乐之者。"（《论语·雍也》）

孔子说："懂得学习的人比不上喜欢学习的人，喜欢学习的人比不上从学习中找到乐趣的人。"

我们可以学到什么

孔子"学不厌、教不倦"的精神，体现于其所追求的人生三大事业之中，即教学、政治、著述，而以"学而时习"一以贯之。学习是一种从无到有、从有到优的过程，是一种见贤思齐、与时俱进的工作和生活态度。我们从过往的经验中，从反省与人互动时的见解和体悟中，提炼行为过程中的方法和技巧，总结做人做事的道理。然后，勇敢地在未来的情境中，去印证、实践，不管是如预期成功了，还是不幸失败了，都将是一件令人欣慰的事。学习要有所成就，使自身潜力得以发挥，除了要懂得学习的方法，还要有学习的意愿，以及对学习的热爱，如此一来，应当能够体会孔子所说的"发愤忘食，乐以忘忧"，"饭疏食饮水，曲肱而枕之，乐亦在其中矣"。

苹果创始人史蒂夫·乔布斯和微软创始人比尔·盖茨同属具有天才的人，骨子里有一股傲气，一出场即光芒万丈。小米科技的创始人雷军早有认知：天才之所以是天才，绝非凡夫俗子光靠勤奋努力可以跟得上的。"因为我对自己没有自信，想找到自信，唯有通过努力念书。"于是雷军通过一天 16 小时的勤奋工作，改变了自己、改变了命运，不仅成为中国 IT 劳模，而且因为专注、极致、口碑、快，以小米打下智能手机的天下。

好学的人具有较佳的思考力，懂得反省过去，知道自身的不足之处，可以持续提升、累积所学的知识与技能；学有所得的人具有较佳的执行力，懂得总结现在，挑战未来的困难，可以成为他人的老师。近年来，习近平总书记鼓励领导干部要加强读书学习，要爱读书、读好书、善读书。"把学习作为一种追求、一种爱好、一种健康的生活方式，做到好学乐学。"孔子日新又新、学习新知，追求"智者不惑"的学习境界，只要我们持续学习，一定能够自我突破，明白事理的本末因果，对工作和生活有新思维、新视野，疑虑和困惑越来越少。

第 30 堂课
发掘人才的潜力

学习与阅读已经是全民运动。阅读可以使我们通过他人的经验，调动我们怜悯和恐惧的同理心，进而使得生活和生命更有广度、深度、高度，净化我们敏感多变的心灵；学习的好处更多，学习使我们的智慧更圆熟，待人更真诚，处事更练达，从而对外可以助力他人，兼善天下，对内可以修身养性，独善其身。

企业领导者要管理好员工，必须从三方面了解员工：

1. 员工的优势何在

如何找出员工的优势，国际管理学大师彼得·德鲁克认为可以利用"回馈分析"（Feedback Analysis）方法。当我们在做出重大决定或采取重要行动时，把预期成果记下来，九个月或一年后，再把实际成果和预期做个比较，来获得以下行动结论：

（1）专注于自己的优势，让自己充分发挥专长，创造绩效和成果。

（2）努力强化自己的优势，同时了解自己需要改善哪些技能，取得哪些新知。

（3）找出个人在哪些方面由于妄自尊大，瞧不起自己专业领域外的知识，导致"无能的无知"。

（4）矫正自己的坏习惯。

（5）有些事不要做或少做，专注即是多。

或者，我们可以简单询问："在过去的三个月中，你认为哪一天的工作最棒？"借以使我们和员工思考自己的兴趣及能力所在。领导者的工作主要在于冷静和精确了解员工的优势，因势利导，使得员工善用专长，强化员工的自信。

2. 如何启动这些优势

人的优势并非显而易见，有时候，必须有诱因或激励，方能启动。给予员工正确的诱因，满足员工的需求，可以确保员工乐于发挥专长，做出杰出的贡献。领导者必须了解，最强的诱因是信任员工、认可员工的贡献，绝非金钱。

要了解自己的做事方式，必须知道自己如何学习。

领导者别试着改变员工，因为这是不可能成功的。然而，我们可以努力协助员工改善做事的方式。对于那些不适合的工作，尽量敬而远之。

3. 员工如何学习

学习的方式因人而异，一般而言，有听、说、读、写四种。有的人擅长倾听，通过听觉刺激脑细胞活动，可以很专心地收集信息、分类信息、分析信息，组织成有效的综合知识；有的人擅长演说，将思想、观念、知识有层次结构地表达出来，并且做好经验反省和总结；有的人擅长阅读，通过视觉刺激脑细胞活动，可以理解、解构、解读字里行间所传达的意义，促进观念、知识的循环辩证；有的人擅长记录或写作，可以实时重复对方所表达的信息，也可以印证和组织自己的思考逻辑，得出结论，进行知识的积累。

CEO 会遇到的挑战
培养人才、发挥潜力，还是购买人才、物尽其用？

2013 年，在央视"中国经济年度人物"颁奖典礼上，同为得奖人的格力电器董明珠与小米科技雷军，共演了一场 10 亿元的赌局。雷军表示，如果五年内小米营销模式营业额击败格力，愿董明珠赔自己 1 元；风格明快的董明珠当场表示，绝对不可能，如果格力被击败愿意赌 10 亿元。

董明珠为什么有如此的豪气与坚定的信心？第一，董明珠认为，自己永远是对的，不会犯任何错误，当企业领导者，这是一定要做到的，因为犯一个错误也许会给企业带来致命的打击。第二，格力致力于培养人才，有清楚的技术创新思维。任何企业的经营思维，不外乎"左"、"中"、"右"，"左"指的是对自己要求严格，如何把产品做到极致，贴近和满足消费者的需求，"中"指的是跟风、模仿，别人怎么做，我就怎么做，"右"指的是利用低价低质来取得生存。格力为了偏"左"，以取得市场技术领先，务实做好人才培养。

董明珠非搞技术出身，却深谙人才之于格力的重要性，致力于打造使人才发挥潜力、贡献专长的职业平台，其用人理念是：格力不会到其他企业挖人，而格力的人才却常常被其他企业挖走。培养人才等同于掌握技术，甚至是市场。

"格力的科研人员，全是大学毕业入职后慢慢培养出来的，企业从不高薪聘请人才。格力的技术骨干和中层干部 60％都是'80 后'，他们是格力年轻一代的佼佼者，但有谁因别的公司开价高想跳槽，公司不但不会拒绝，还会开欢送会送行。"董明珠骄傲地说。而对于用人的主张，董明珠认为：跳槽的人想回来是不可能的，一个眼里只有钱、朝三暮四的员工不是好员工，好岗位只留给忠诚的员工。

"好空调，格力造。"不单单是广告词，背后的支撑力量是技术创新。技术是格力的核心竞争力，每年投入研发的经费多达 40 亿元，目前拥有 8 000 多名科研人员，平均年龄只有 29 岁，正是这批"80 后"技术团队，负责技术创新，为格力创造出 14 000 多项技术专利，平均每天 11 项专利问世。

2014 年美国的开利从格力挖走了 50 多个人，董明珠认为，这标志着我们从中国的世界名牌成了世界的世界名牌。2014 年年末，董明珠在与经销商的见面会上说："美的、海尔、奥克斯等一系列品牌几乎都到格力来挖人，我们这边很着急，哎呀这怎么办呢，他们挖人的条件是我给你高薪，格力给你 5 万元，我就给你 15 万元，格力给你 10 万元，我就给你 30 万元，丢失人才我认为不足为患，这些人不认同我们的文化，我们也不需要惋惜，我坚信格力是一个能够培养人才的摇篮，通过这个挖人事件我们认为我们是当之无愧的中国的世界品牌。"董明珠坚持有担当的企业应该自己培养创新人才，而不是靠挖人来保障自己的生存，这是没有职业道德的行为。

孔子当 CEO 会如何做

子曰："我非生而知之者，好古，敏以求之者也。"（《论语·述而》）

孔子说："我并非天生就具有广博知识的人，而是因为喜爱传统文化，勤奋地去追求知识。"

子曰："学而不思则罔，思而不学则殆。"（《论语·为政》）

孔子说："只知道读书学习不去思考，终究得不到知识；只知道思考不去学习，容易陷入迷惑，非常危险。"

子曰："我未见好仁者、恶不仁者。好仁者，无以尚之；恶不仁者，其为

仁矣，不使不仁者加乎其身。有能一日用其力于仁矣乎？我未见力不足者。盖有之矣，我未之见也。"（《论语·里仁》）

孔子说："我从未见过真正喜爱仁道的人和憎恶不仁道的人。真正喜爱仁道的人，会觉得世上再也没有任何事物比仁道更重要。至于，能够真正憎恶不仁道的人，会实行仁道，不会使不仁道的事发生在自己身上。有谁能够在一天之内尽力修行仁德呢？我从未见过有人因为力量不够而放弃的。或许真有这种人，而我却始终未见到过啊！"

我们可以学到什么

孔子最重视学习，也通过学习去发掘人才、培育人才、造就人才。孔子认为学习必须聚焦在三大层面：

1. 学有所本

我们要问：自己想学什么？在中国传统中，读书人的学习有明确的方向，必须学会"道"和"术"两类知识与技能。"道"的部分，通过学习五经"诗、书、易、礼、乐"，即学文学、历史、哲学、法治、艺术，使自己具备广博的知识。"术"的部分，学习六艺"礼、乐、射、御、书、数"，即学礼仪、音乐、射箭、驾车、写作、计算，使自己具备工作技能。

可见，有方向、有目标地学习，经年累月快速、勤奋地学习，方使得孔子成为一位大思想家、大教育家。

2. 学有所思

孔子提醒我们，想要有好的学习结果，学习的方法与过程十分重要。我们要问：学的知识是否真实？是否有用？一方面，我们要质疑，学到的知识是否合乎逻辑，确保不是道听途说来的；另一方面，我们要查验，学到的知识是否有效用，是否经得起事实的考验。

3. 学有所行

行动是检验真理的唯一标准。学习的重点，在于"习"，练习、实习、实践。学到的知识必须在工作和生活中有所作用和效益。

人才是企业的品牌、企业的未来，对企业的永续发展来说，发掘人才、培育人才是领导者从现在到未来最有前瞻远见的行动，也是责任。领导者通过有效辨识员工的优势和专长，可以达到适才适所，节省企业和员工的时间；领导者促进和利用员工的专长，可使员工变得更有责任感，同时建立强大的团队感，因为员工彼此欣赏，知道彼此可以强弱互补，创造了相互的依赖感。有好的人才、专业的团队，便可以期待创新应变，造就强大的企业、百年的企业。

第 31 堂课
持续教育

企业为了在市场竞争中取胜，满足顾客需求与期待，必须运用组织的能力，实时有效产出性价比高的产品和服务。组织的任务在于提供一个人才发展与贡献的平台，使得人才有更佳的机会，利用更短的时间，锻炼出多元的软技能（Soft Skills）与硬技能（Hard Skills）。

人才是企业的品牌，人才能力的强弱，关乎企业形象好坏及竞争力的高低。因此，企业领导者置身于人才战争之中，也许应该改变基本的人才管理逻辑：先问自己"我们能为他们做什么"，再问对方"你们能为我们做什么"。换句话说，企业必须对人才先付出，给充分的尊重，给合适的位置，给满意的报酬，然后，再要求人才做出超出期待的绩效表现。

员工能力的培育，除了本身的天赋、潜力之外，学习的态度和方法，资源实时有效的投入，共同决定了成败。企业领导者必须善用各种各样的机会，调动员工的自我学习精神，教导有效可行的学习方法。学习精神是一种见贤思齐的渴望，渴望自己变成更有知识、更有技能、更有品德的人。学习方法可以有不同的选择，有人擅长倾听，有人擅长演说，有人擅长阅读，有人擅长写作，例如，巴菲特每天阅读五小时，与聪明人谈话两小时。我们需要去发现自己的天赋之所在，采取有效的学习方法。

CEO 会遇到的挑战

如何坚持做对的事， 创造良好的组织氛围？

王品台塑牛排馆来自台湾，2003 年进入大陆，在上海仙霞路开了第一家店。以"一头牛仅供六位客人"的台塑牛排为招牌菜，全熟、鲜嫩多汁，适合中国人口味。

王品创始人戴胜益总结王品人具备三大特质：

1. 敢拼

对外，用尽所有的力量去感动顾客，提供高质量的产品和服务，在细节中不断自我提升；对内，启动 206 学分，有计划地培育人才，通过"一家人主义"感动员工，激发出最大最多的能量。

2. 能赚

不断改善流程，发挥经营的综合效果。持续整合上下游供应链，创造规模经济优势。树立优质品牌，勇敢创新。一年赚进一个资本额，实施海豚哲学，全员分享共荣。

3. 爱玩

所有主管都得登玉山、横渡日月潭、铁骑贯宝岛。一生要游百国，吃一百家米其林星级餐厅。每年举办同事旅游，为店长、主厨以上股东办理创意股东会以及别出心裁的年终尾牙，年年不能重复，永远要有新点子。

所谓的"一家人主义"，指的是从人扩大为"家人"，因为是家人，一定会付出真诚的关怀，公司把员工照顾好，让员工有了信心、有了安全感，愿意在这里安身立命，自然会有好的表现，也就是外界看到的营业数字。戴胜益认为，只要是王品人，就是一家人。在实践"顾客感动"、"顾客永远是对的"的使命的道路上，王品的企业文化实实在在，精益求精，对员工毫无迟疑的信任、不说二话的尊重、发自内心的关怀、无微不至的照顾，以及周全务实的教育训练、向上提升的终身学习，都融入到王品的企业文化中。至于，王品如何守护核心价值与创业理念？必须依靠"龟毛天条"时时刻刻找机会培育员工。

王品的龟毛天条：

(1) 迟到者，每分钟罚 100 元台币。

(2) 公司没有交际费。（特殊状况需事先呈报。）

(3) 上司不听耳语，让耳语文化在公司绝迹。

(4) 被公司挖角礼聘来的高层员工（六职等以上），禁止再向其原任公司挖角。

(5) 高层员工"扩大视野"目标——每年在世界各地完成 100 家餐厅的用餐经验。

(6) 高层管理者和家族二代成员，每天步行 10 000 步。

(7) 迷信六不——不放生、不印善书、不问神明、不算命、不看座向方位、不择日。

(8) 少烧金纸：每次祭拜金纸费用不超过 100 元台币。

(9) 对外演讲每人每月总共不得超过 2 场。

(10) 演讲或座谈会等酬劳，当场捐给儿童福利联盟文教基金会。

(11) 公务之便得到的纪念品或礼品，一律归公，不得私用。

(12) 可以参加社团，但不得当社团负责人。

(13) 过年时，不须向上司拜年。

(14) 上司不得接受下属为其所办的庆生活动。（上司可以接受的庆生礼是一张卡片、一通电话或当面道贺。)

(15) 上司不得接受下属财物、礼物之赠与。(上司结婚时，下属送的礼金或礼物不得超出 1 000 元台币。)

(16) 上司不得向下属借贷与邀会。

(17) 任何人皆不得为政治候选人。

(18) 上司禁止向下属推销某一特定候选人。

(19) 选举时，董事长不得去投票。

(20) 购车总价不超出 150 万元台币。

(21) 不崇尚名贵品牌。

(22) 办公室够用就好，不求豪华派头。

(23) 禁止做股票，若要投资是可以的，但买进与卖出的时间应在一年以上。

(24) 个人尽量避免与公司往来的厂商做私人交易。

(25) 除非是非常优秀的人才，否则勿推荐给你的下属任用。

(26) 除非是非常杰出的厂商，否则勿推荐给你的下属采用。

孔子当 CEO 会如何做

哀公问："弟子孰为好学？"孔子对曰："有颜回者好学，不迁怒，不贰过。不幸短命死矣，今也则亡，未闻好学者也。"(《论语·雍也》)

鲁哀公问孔子："你的学生当中哪一位最勤奋学习且学识渊博？"孔子回答："颜渊最勤奋学习，从来不会把自己的情绪发泄在他人身上，也从来不会犯下同样的错误。很不幸的，短命过世了，现在找不到像颜渊这样勤奋学习的人了。"

陈亢问于伯鱼曰："子亦有异闻乎？"

对曰："未也。尝独立，鲤趋而过庭。曰：'学《诗》乎?'对曰：'未也。''不学《诗》，无以言。'鲤退而学《诗》。他日，又独立，鲤趋而过庭。曰：'学礼乎?'对曰：'未也。''不学礼，无以立!'鲤退而学礼。闻斯二者。"

陈亢退而喜曰："问一得三：闻《诗》，闻礼，又闻君子之远其子也。"（《论语·季氏》）

陈亢问伯鱼说："你有从父亲那边得到特别的教诲吗?"

伯鱼回答说："没有呀。有一天，父亲站在厅堂内向外看，我快步从中庭走过，父亲问我说：'你学《诗经》了吗?'我回答说：'没有。'父亲说：'不学《诗经》，将不懂得如何应对。'于是，我回去后开始学《诗经》。又有一天，父亲又站在厅堂内向外看，我快步从中庭走过，父亲问我说：'你学礼仪了吗?'我回答说：'没有。'父亲说：'不学礼仪，将不懂得如何处事。'于是，我回去后开始学礼仪，这是我私下听到父亲说的两次教训。"

陈亢回去后很高兴，说："我这次问了一件事，听到了三件事。其一是该学《诗经》，其二是该学礼，其三是君子并不偏袒自己的儿子。"

我们可以学到什么

孔子认为，学习是一辈子的志业。勤奋努力学习的人，懂得自省，不会为失败、做事不顺利找借口，怪罪他人，而是想方设法从成功的人身上学习，避免自己再度犯错。此外，可以借由学习中国的传统经典，拥有随机应变的表达能力，以及建立与他人进退有据的互动关系。

企业领导者通过打造学习型组织，设计多元有趣的学习形式，如标杆学习、案例分享、项目推动，使得员工不知不觉中养成学习的良好习惯。想期待员工有卓越表现，领导者必须想方设法使员工工作动机更强、思维模式更佳、角色认同更高。可以借用国际管理大师彼得·德鲁克提出的四个问题，把握机会，引导、提醒员工自我检视和思考。

1. 我对组织所能做的最大贡献是什么？

例如，人力资源主管升任总经理后，可能的贡献不再是人事行政、人才发展，而是组织运作、团队建设。因为这些事别人做不来，做好了将对公司的经营绩效有很大影响。另外，企业领导者在评价员工的工作表现时，应该关注的是对方的长处，能够做出什么贡献，而非彼此之间是否相处融洽。

2. 我是不是正在做最适合自己的工作？

知识型员工通常根据所从事的第一份工作的成就，来判断自己是否有贡献。若是觉得无法学以致用，专长难以施展，最好尽早问问自己："我是不是正在做最适合自己的工作？"如果答案是否定的，聪明的人会尽快换跑道。因为，唯有所从事的工作能够发挥专长，做出贡献，员工对工作才会有更大的热情。

3. 我能够做什么？

当在工作上遇到困难和挑战时，高效的经理人会先问问自己："我能够做什么？"从发现、确认自己力所能及和可以改变的事物上着手。如果企业领导者有眼光和智慧去辨别事物的性质是否可改变，不去针对无法改变的事物批评抱怨或勉强去做，如此一来，我们一定可以发现，有限的资源所能够完成的事，超出我们的想象。

4. 若我们还没有做这件事，现在是不是愿意开始做？

企业领导者要有策略思维，懂得取舍，决定什么该做、什么不该做。苹果公司 CEO 蒂姆·库克曾经反省上任以来，有哪些是做过的最困难的决定。最难的决定是"决定不做什么"，因为我们有太多伟大又令人兴奋的想法，而且这些想法都是很好的，我们只能选择一个，并全力做到极致。

通过以人为镜的标杆学习，发现他人的优点与缺点，我们就有机会使自己成为更有能力、更有良知的人。

第 32 堂课
错了改了就会变好

企业面临复杂多变的竞争环境，为了创造顾客、满足顾客、赢得顾客，必须持续升级产品、改进服务。企业从创建开始，从创始人至每一位员工，对于企业的生存、发展与永续经营，都有一定的责任感；对于每一天的工作如何创造价值，有一定的使命感。使命感是非常重要的职业素养，包括了热情、需求、能力、良知。良知指的是是非、道德判断的尺度，是人生的价值观，也可以说是我们做人做事的标准。企业领导者最重要的价值与贡献，在于以身作则，确定发展方向、合理分配资源、建立企业文化、激励员工表现。

在马云办公室的墙上挂着金庸题赠的一幅字："善用人才为大领袖要旨，此刘邦刘备之所以创大业也。愿马云兄常勉之。"马云说："我挂在办公桌前面，这是给自己看的，挂在后面是给别人看的。天天看到这个，也是对自己的一种提醒。"时至今日，阿里巴巴的选人与用人，离不开"六脉神剑"的价值观，也就是：一是"客户第一"，关注客户的需求，提供客户建议，帮助客户成长；二是"团队合作"，共享共担，以小我完成大我；三是"拥抱变化"，突破自我，迎接变化；四是"诚信"，指诚实正直，信守承诺；五是"热情"，永不言弃，乐观向上；六是"敬业"，以专业的态度和平常的心态做非凡的事情。

企业价值观的落地与发扬，可视为持续辩证发展的过程。组织、团队有共同的方向，员工有与时俱进的想法和做法，方能创造顾客不同的价值体验。当然，在求有、求好、求巧、求妙的工作动机与心态下，员工自我发展和创造价值的过程中，难免犯错，错误也是有必要的。因为，犯错给了我们检验标准正确与否的机会，犯错给了我们提升技能、追求卓越的动机。犯错正常，犯错不可怕，可怕的是不知错、不认错、不改错。企业领导者看人、选人时，应当细心、耐心地考察该员工是否总认为自己没有错，错的都是他人，这样的人属于自暴自弃的人，难以教育发展变好，成为有作为的人。

CEO 会遇到的挑战

找最优秀的人还是适用的人？

1999 年，马云建立阿里巴巴网站，立志让天下没有难做的生意。在获得风险资金投资后，马云立即从美国、中国香港引进大量人才，企图打造世界级的管理团队。为了排除对人才引入的障碍，马云宣称："创业人员只能够担任连长及以下的职位，团长级以上全部由 MBA 担任。"当时的领导成员中，除了马云自己，全部来自海外。

接下来几年，阿里巴巴陆续聘用了更多的 MBA，来自哈佛、斯坦福，以及国内知名高校。后来，这些 MBA 中的 95％全被马云开除了。马云自我反省，企业要成功，小企业靠精明，中企业靠管理，大企业靠做人。MBA 教育主要应该是教做人，而这些 MBA 的基本礼节、专业精神、敬业态度都不佳，好像一进来阿里巴巴就想把过去的东西全都推翻。当然，马云也肯定这些MBA 的管理水平，像飞机引擎一样，问题在于如此高性能的引擎适合拖拉机吗？用人不当，就好比把飞机的引擎装到了拖拉机上，毫无疑问，拖拉机飞不起来。阿里巴巴当时的发展水平，容不下这些人，只有适合企业需要的人才才是真的人才。此后，阿里巴巴找人，只找普通人才，因为相信平凡人在一起可以做出不平凡的事，体现团队精神。

马云总结经验，创业时期不要找明星团队，不要把一些成功者聚在一起，尤其是那种 35 岁、40 岁就已经有钱的成功人士。已经成功的人在一起创业很难，创业初期要寻找那些没有成功、渴望成功、团结合作的团队。等到事业做到一定程度的时候，再请一些人才。创业要找最合适的人，不一定要找最成功的人。至于最合适的人才标准，因企业的发展需求不同而各不相同，但有一些基本要求是相同的：

（1）人品良好。这是所有合伙人彼此相互信任、相互合作的基础。

（2）互补性强。组建团队的时候，必须了解每一个人的性格，看清楚每个人的长处，这样才能更好地分工合作，而对于一些小的缺陷要学会包容。

（3）善于沟通。企业是利益共同体，因而领导和员工应积极进行双向沟通，把双方的想法理解到位，有效沟通是强大执行力的前提。

（4）承担责任。企业的发展是学习和改善的过程，每个人都要为错误承担责任，而不是发生错误时互相指责。有福同享，有难同当，说的就是这个道理。

孔子当 CEO 会如何做

曾子曰："吾日三省吾身：为人谋而不忠乎？与朋友交而不信乎？传不习乎？"（《论语·学而》）

孔子的学生曾参说："我每天反复多次问自己，为他人办事是否尽心尽力？与朋友交往是否说到做到？老师教授的知识是否学以致用？"

子曰："已矣乎！吾未见能见其过而内自讼者也。"（《论语·公冶长》）

孔子说："唉！到现在为止，我还没有遇到一个人能够发现自己的缺点并愿意在良知的面前责备自己。"

子曰："见贤思齐焉，见不贤而内自省也。"（《论语·里仁》）

孔子说："当我们遇到值得学习的人时，应该思考如何使自己具有对方相同的优点；当我们遇到不如自己的人时，应该检视自己是否有对方相同的缺点。"

我们可以学到什么

孔子的学生曾参依据自己亲炙老师的学习经验，总结出日新又新的原则以及反思反馈的做法。若以一日为限，当我们开始反省对工作是否用心？对朋友是否守信？是否学习知识？这样的反思可以说是我们对工作、社交、生活承担起责任的总结，若是没有做或没做好，应提醒自己去改善、提升。

孔子也指出，人虽然有良知进行反省和自律，但反省或认错对人来说却又是一件极困难的事。因为，反省会自惭形秽，认错会没面子。然而，若是通过以人为镜的标杆学习，发现他人的优点与缺点，我们就有机会使自己成为更有能力、更有良知的人。

诺贝尔文学奖获得者美国作家海明威，写了《老人与海》一书，述说着古巴老渔夫圣地亚哥的故事，深入浅出探究工作、生活与学习的大课题，作为成功的范例，我们可以在企业再造、组织变革方面加以借鉴。

1. 挑战现实环境

大自然是无情的，大海风云变幻，大鱼会出现，鲨鱼亦然。万物自有其运行的法则，没有侥幸、例外，却有幸运、偶然。钓到大鱼，鲨鱼来了，杀死了鲨鱼，大鱼却被吃光。事情发生了，我们要有勇气去面对挑战、去接受失败、去转换心情、去处理事情，然后继续朝自己的目标前进。

2. 坚定自信心

老渔夫连续 84 天没有钓到一条鱼，他并没有抱怨运气不好，而是相信自己一定钓得到大鱼，做好遇到大鱼、遇到鲨鱼、遇到受伤的准备，持续走向离岸更远的海域，终于钓到 1 500 磅重的大马林鱼。

3. 锻炼意志力

人不是生来被打败的，人可以被毁灭，但不可以被打败。

有台湾 IT 教父美誉的宏碁集团创始人施振荣有一句名言：我要命，不要面子，认输才会赢。宏碁在两次企业再造后，在继任人选、组织文化、发展方向三大层面仍遇到重大挑战，做了一些错误的决策，使得施振荣不得不老帅亲征，投身第三次企业再造。在直面问题、反省检讨宏碁为何对市场趋势的掌握度差，以及管理层为何欠缺"换脑袋"的能力后，施振荣重新选任接班人，将"创造利益平衡"的价值观注入企业文化中，使公司转型为硬件、软件加服务的云企业。宏碁不放弃自我革新，错了改了，企业停止亏损，损益翻转，再造的结果已露曙光。

> 具有高效能人才特质的人，也一定是
> 具有学习精神、学习方法、学习成效的人。

第 33 堂课
人才管理大步推进

世界变平之后，网络科技日新月异，更加速了跨界的知识、技术、市场的整合。企业若想要持续发展并胜出，一定要加速提升关键稀缺资源的水平，即人才水平。具有核心竞争力的企业，除了有雄厚的财力资源、优质的产品和服务、先进的专业知识与技术、高效率的运作组织和系统，最重要的是，拥有创造价值的卓越人才。

高胜任力、高效率的人才从何处可以获得？一是经由严谨的选才；二是通过有效的育才。选才是把关，育才是过关。

美国奥美广告公司总裁戴维·奥格威曾如此告诉高管："如果你经常雇用比你弱小的人，将来我们就会变成小人国，变成一家侏儒公司。相反，如果你每次都雇用比你高大的人，日后我们必定成为一家伟大的公司。"选才的高标准，在于找到和任用比自己更优秀的人才。

找到对的人之后，领导者最重要的任务和责任，便是如何使人才成为人财，帮助企业创造源源不绝的财富。高效能的人才通常具备六大特质：沉稳、细致、大度、诚信、热情、勇敢。这些关键特质，可以通过科学测评得出，同时可以经由多元的学习方法，去发展、强化和升级。

CEO 会遇到的挑战

如何常态运作人才育成、 人才管理系统？

康师傅集团以弘扬中华饮食文化为使命，非常重视一流人才的培育，创始人魏应州先生相信"学历有用"，强调"学识结合常识成为知识，再加以应用变成能力"。康师傅有一套完善的人才管理系统。企业愿景、工作职责的确定，价值观与文化的传递，以及企业战略与经营目标的落实，都离不开有效运作的人才培育机制，使得人才具备竞争力，可以适才适所尽情发挥，做出杰出贡献。

人才管理做得好，则可以加速接班人的育成。人才培育的重要环节包括：人才发展计划、发展回顾、任用风险评估。

1. 人才发展计划（Talent Development Plan）

人才发展计划由入选人才库的储备接班人、上级领导、人力资源主管三者共同草拟定案，一般分为个人发展计划（Individual Development Plan）与团队发展计划（Group Development Plan）。个人发展计划关注储备接班人的胜任力缺口，在一定时间内（如一年），计划补充完善不超过三项能力，以及关键历练（针对下一岗位所需要承担的职责和角色）。这项计划利用的发展工具包括：OJT、轮岗、项目、课程、工作辅导、标杆/行动学习等。上级领导担任教练角色，从日常工作中观察、指导储备接班人，并每月定期面谈，倾听与询问：最近做什么？为什么做这些事？采取什么方法去做？有更好的替代做法或方案吗？结果如何？人力资源主管负责收集储备接班人学习心得报告，以及每月面谈记录表。团队发展计划以同等级的接班人梯队为对象，针对共通的能力缺口，借由外部课程（如中欧国际工商学院）补充专业知识、技能，并规划行动学习，强化特定历练与职务角色，发展与发挥领导力（包括学习力、洞察力、沟通力、意志力等），以及解决复杂问题的专业能力。

2. 发展回顾（Development Review）

发展回顾是定期（如三个月）的人才评估活动，其目的在于确保个人发展计划、团队发展计划按预先设计的推动，确保找到对的方法和活动去发展能力、补足经验，过程中若遇到问题或困难，可以实时协助解决。GROW 工具适用于发展回顾，即以目标（Goal）确认发展优先级（能力与历练），现状（Reality）检视测评结果与反馈，选项（Options）决定最有效率、效能、效益的发展活动，凭意志（Will）去坚持推进发展。

3. 任用风险评估（Appointment Risk Review）

任用风险评估指从人才开发到人才管理机制运作的总结，也是人才发展绩效的展现。在发展回顾中，我们对于储备接班人通过历练后扮演新角色的成熟度水平，给予评分。例如，知道、理解一件事情，拥有该方面的知识，给 1 分；有技巧处理，不只有经验而已，已有相应的能力及匹配的个性，给 2 分；有多次处理的经验，给 3 分；有较佳的处理方法，并有显著的绩效和战功，给 4 分。得分越高，应用在任用决策上，可以预测储备接班人未来成功的机会就较大。任用风险评估，必须将储备接班人依据发展成熟度，预估其可升迁性，如 6 个月内、6～18 个月内、18 个月以上，或数据不足/无法判断。

当然，可能的任用风险包括个性不匹配、能力不足、历练不足、自律性差。至于，如何降低任用风险，我们可以采取策略，包括：（1）先担任副职，持续历练发展，并观察表现；（2）慎选副手及团队，彼此互补协助，三明治管理；（3）组织运作和管理系统的设计（如双首长、双管理）、授权机制、作业流程；（4）上级领导垂帘听政，随时指导；（5）其他——组织/工作拆分，缩小责任范围。

孔子当 CEO 会如何做

子曰:"智者不惑,仁者不忧,勇者不惧。"(《论语·子罕》)

孔子说:"持续学习的人,能够明白事理的本末因果,因此不会疑虑、困惑;懂得沟通与包容的人,能够展现无私和自信,因此不会担心、忧愁;具有勇气与执行力的人,坚持做对的事,因此不会恐惧、害怕。"

我们可以学到什么

对企业领导者的领导力发展,孔子提出了高标准,即"智"、"仁"、"勇",可以视为从事人才管理与发展的最高境界。"智"、"仁"、"勇"共称为三达德,表示领导者的态度和行为,已经达到尽善尽美。如何展现智慧?通过日新又新的学习。如何展现自信?通过爱人如己的关怀。如何展现勇气?通过义无反顾的意志。

具有这些人才特质的人,也一定是具有学习精神、学习方法、学习成效的人。因为持续进行专业知识的学习,所以有完善的知识与技能,积累了丰富的经验,可以处理复杂的问题,彰显了沉稳、细致的核心能力;因为关怀彼此的需求,乐于分享自己的故事,倾听他人的体验,所以有正面的心态去主动沟通,并且包容他人的过错,大度和诚信,使自己成为被信任的人;因为追求卓越,创造超过顾客期待的体验,所以有勇气去描绘愿景,争取他人的认同,在共识下,去改变现状,推动变革,热情和勇敢,使自己成为务实的梦想家。

由"智"、"仁"、"勇"所触发的内心动机,使得人才有意愿也有责任承诺把事情做对做好,对自己的前途负责,这可视为加速人才发展的推力。那么，拉力从何而来？好的待遇是保障，可以满足员工的基本需求；好的职业发展是激励，可以吸引员工与企业长期合作。领导者应该设身处地地理解员工勤奋向上的需求，给员工可争取到的职业生涯发展规划。因为优秀的员工多半有较高的自我期许，有较强的成功动机，好的职业生涯发展前景可以振奋人心；若是看不到前景，或只是画大饼吃不到，员工将会另谋发展，为自己找前途。李嘉诚的长江实业集团，人才辈出，而人员的流动却是香港同级别公司中最小的，高层主管的离职率更是低于1%。如何留住人才？"第一给他好的待遇，第二给他好的前途。"李嘉诚如是说。

企业领导者必须有兴趣、有热情、有能力，去塑造和经营有利于人才培育的工作环境、组织氛围。

第 34 堂课
做好人才培养

互联网时代信息更及时、透明，机会更多元、开放，人才的流动更容易，人才的保留更困难。为了确保人才储备充足，前瞻的企业开始依据竞争的挑战、服务的商机，量身定做造就人才。如同设计裁剪新衣服，对于人才规格、专业能力、人格特质、工作动机、角色认同等，必须要有明确可依循的规范、标准，如此我们方能得到有胜任力、适才适所的人才。

育才的最终目的在于育财，即使人才发挥潜力、展现专业、创造价值，成为高附加价值的人财，为企业持续创造财富。换句话说，育才的进化三部曲为人力、人才、人财。

员工初入职的前三年，多半需要边做边学，一方面将操作性的工作做好；另一方面加速积累特定的专业知识，无论是运营、营销、生产、研发、财会、人力，还是管理。这一阶段，员工的职位较低，是有潜力的人力。当员工在专业上可以独当一面或者晋升到主管岗位时，就必须学习如何进行项目管理，如何管人带人、做好团队建设，并加速积累管理经验。员工自己或通过团队协作，可以做出符合目标、超越目标的绩效，已然是卓有成效的人才。当员工职业生涯发展更上层楼、担任高层主管时，就要参与公司经营战略规划，创建与优化制度流程，建立标准操作系统，承担企业运营与培养人才的责任。这一阶段，员工已经将工作当成自己的事业，展现主人翁心态，懂得打造超越顾客期待的服务平台以及使员工发挥专长的工作环境，可以说是企业永续发展的人财。

在人财发展阶段，员工将展现商业智能（Business Acumen），能够从企业经营的现实面，包括现金、利润、周转率、增长、顾客等，通过制度、系统、团队整合利益相关者的不同需求与资源，持续创造服务价值。这也是世界排名第一的管理咨询大师、哈佛商学院教授拉姆·查兰在《CEO 说：像企业家一样思考》中所教导和传授的世界 500 强企业 CEO 展现成功领导力的秘诀。

CEO 会遇到的挑战
找到一群像自己的还是能够彼此互补的人才？

新希望集团创立 30 多年，已成为中国最大的饲料生产企业和农牧企业、中国最大的农牧产业集群，正朝向世界级的农牧企业迈进。2013 年，刘永好卸下董事长职务，由其女儿刘畅接任。刘永好身为中国农牧业的领军人物，认为推动农业变革是新希望不可推卸的责任。"干一行，爱一行"的刘永好，每天工作 12 小时以上，生活的主旋律就是学习，随身携带着记事本，在与人交谈的过程中，听到有用的观点和做法，他立刻记录下来。当被问到："30多年来，为什么一直坚持学习？"刘永好说："因为觉得自己学习不好，尤其是英语不好，所以想以勤补拙。"

为了发展新希望，使之成为世界级的农牧企业，刘永好有计划地引进人才，做好人才激励。在新希望上市的时候，刘永好直接拿出 10％的股份，交给了 100 位左右的经营团队成员，并且使得员工的薪资水平和奖励政策与市场接轨。新希望的人才培养战略，与阿里巴巴马云所说的"相信年轻人"相似。首先，对公司中的岗位进行盘点，把 20％左右的中级以上岗位，交给 30 岁以下、已有三年工作经历、学历在大学本科以上的员工。因为，相信这个世界属于年轻人，这群人能够在公司快速地学习和成长，能够为企业增添活力，促进创新和发展。其次，新希望设立了很多培训学校，办了很多专业技能培训班，除了对现有管理人员做好能力升级，也对年轻骨干进行帮扶，以加速培养他们的企图心和未来能够独当一面的能力，使他们工作更有激情，愿意为了企业和自己的共同目标奋斗不懈。同时年轻人给新希望带来更多的希望。

刘永好对于新希望的人才培养计划的成效十分满意。公司的接班人传承，不仅有方案，还有第二手、第三手的准备。新希望的继任计划不是简单的家族世袭制，而是混合的家族企业制，女儿刘畅属于草根派，陈春花属于学院派。《哈佛商业评论》曾赞誉："新希望的这种传承既不同于西方，也不同于亚洲方式的传统的、简单的家族传承，而是走了一种混合传承的模式。"为了新希望的顺利接班，刘永好扮演着"小鬼"背后"菩萨"的角色，是一位老师和教练，希望能够将自己一些成功或失败的实践经验传承下去。同时，也用心观察"小鬼"们干得如何，干得好，继续做；干不好，问题也不大，放手让他们试试；实在干得非常不好，或有可能出现重大问题时，刘永好才会出面指点一下。在"新常态"的时局中，新希望要永续发展，刘永好相信，必须由年轻人组成的经营团队为企业带来新的变革，掌握新的趋势，做好新的引领。

孔子当 CEO 会如何做

子曰："由也，女闻六言六蔽矣乎？"对曰："未也。""居！吾语女。好仁不好学，其蔽也愚；好知不好学，其蔽也荡；好信不好学，其蔽也贼；好直不好学，其蔽也绞；好勇不好学，其蔽也乱；好刚不好学，其蔽也狂。"（《论语·阳货》）

孔子说："子路啊，你有没有听过六种品德与六种隐患？"子路回答："没有。"孔子说："坐下，我告诉你。爱好仁德却不喜欢学习，隐患在于愚昧无知；爱好智能却不喜欢学习，隐患在于行为放荡；爱好诚信却不喜欢学习，隐患在于冷酷无情；爱好直率却不喜欢学习，隐患在于说话尖刻；爱好勇敢却不喜欢学习，隐患在于鲁莽作乱；爱好刚强却不喜欢学习，隐患在于狂妄自大。"

我们可以学到什么

孔子一生致力于培育君子，也就是我们所说的好人才。好人才必须具备追求和实践"智"、"仁"、"勇"三达德的志向与毅力，然而在人格培养、能力造就的过程中，我们容易遇到困难和隐患，使得学习的效果大打折扣。孔子言之凿凿、循循善诱，我们必须将学习视为人生的信仰，勤勉学习、独立思考，因为任何事物皆有好坏善恶，过与不及皆非正道，懂得扬长补短，极高明而道中庸，人生终将大成。

企业领导者必须有兴趣、有热情、有专业，去塑造和经营有利于人才培育的工作环境、组织氛围。领导者关注的重点和对员工的承诺包括：给予员工工作历练的机会、给予员工正确的价值理念、给予员工稳定健康的生活。企业中的人才之所以会成为人财，除了有好领导的用心培育之外，员工也要懂得与自己斗争，奋发向上。万科公司是中国地产第一品牌，董事长王石好学不倦，60岁时奔赴美国哈佛大学求学问道，关于人生应该如何奋斗，如何奋斗才能成功，他深有感悟：不要浮躁。降低身份做自己，把自己不太愿意做的事情做好，再进一步做好其他的事情。说起来非常容易，但其实这一点非常难做到，这是永远和自己做斗争的一个过程。确实如此，我们对好人才有更高的期许，期许好人才自我提升核心能力，包括：

（1）动机纯正。有企图心、强烈的意愿追求渴望的事物，并承诺为之付出时间和精力。

（2）学习快速。有好奇心，渴望获得新体验、新知识及他人反馈，以开放的心态学习和改进。

（3）洞见精准。有观察力，具备快速收集并准确理解新信息的能力。

（4）参与分享。有影响力，善于运用感情和逻辑进行沟通，能够说服他人，并与他人建立关系。

（5）决心成功。有意志力，面临挑战或在逆境中受挫时，依旧为了达成目标努力不懈。

培育人才时扬长避短，
以利 "人尽其才"， 加速组织能力的提升。

第 35 堂课
领导必须因材施教

　　企业因人成事，把人才的选、育、用、留做好，企业将从中获益。东方领导者侧重人文，将品人作为工作、生活的一部分，如同品味佳肴。中国人的看人、识人、知人，自有一套标准，会从血统身世、容貌仪态、言行举止、人生历练、他人评价等多方面来评价，不一而足。重要的是，领导者必须具备较佳的观察力、沟通力、好奇心、同理心。西方管理崇尚科学，懂得利用人才测评工具，通过研究员工的行为与思维，进一步将员工进行分类，挖掘出企业中目标明确、态度积极、具有领导潜力的精英人才。

　　行为特质动态衡量系统（Professional Dyna-Metric Programs，PDP）为企业常见的测评工具之一，可以用来衡量人的行为特质。其将人分为支配型、外向型、耐心型、精确型、整合型，更将这五种人格类型形象化，分别称为"老虎"、"孔雀"、"考拉"、"猫头鹰"、"变色龙"。"老虎"型的领导者，有霸气和威仪，倾听能力或恐不足；"孔雀"型的领导者，善于社交与激励，执行力度或恐不足；"考拉"型的领导者，强于组织与整合，临机决断能力或恐不足；"猫头鹰"型的领导者，精于系统与调研，开拓创新能力或恐不足；"变色龙"型的领导者，佳于洞察与应变，坚持信念或恐不足。

　　每一种人格类型，都有其长处和短板，企业领导者在团队建立与后续的经营时，应该审慎考虑人才的搭配，扬长避短，一方面使人才发挥专长，解决问题，创造绩效；另一方面持续培育人才，以利"人尽其才"，加速组织能力的提升。

CEO 会遇到的挑战
如何培育人才适应未来挑战的能力？

　　中粮集团为接近全球 1/4 的人口提供粮油食品，名列美国《财富》杂志全球企业 500 强，居中国食品企业百强之首。

　　中粮前董事长宁高宁曾回答媒体的提问："中粮集团的未来是什么？"宁高宁说："中粮集团的未来取决于中粮集团对员工的态度、对年轻人的态度、对员工发展的态度。"确实如此，中粮为了在战略上持续转型突破，创造更持久、更真实的价值，以回报客户、股东和员工，致力于持续发展人才，使之成为企业的忠良。

　　关于合格经理人的标准，宁高宁认为，企业的培训系统必须适应员工能力缺口，给予不同的历练。

　　若员工沟通技巧不佳，可以使其直接服务客户，通过服务客户，与客户建立信任关系，并且持续深化客户关系。

　　若员工影响力偏弱，可以使其在矩阵式管理模式下，担任项目主持工作，去协调多地域、多部门、多功能的智力资源。

　　若员工创新力不强，可以使其参与企业的创新项目，打破原有的组织边界、打破原有的思维模式，去组建新的业务团队并制定策略和流程。

　　若员工的经营管理能力不佳，可以使其负责特定业务的预决算分析，培养财务敏感度，熟悉财务管理体系，熟悉产品及服务的成本结构，实现有赢利的业绩成长。

若员工的组织力偏弱，可以使其在总部和地方历练，深化理解价值观，提高总体经营战略思路，提升大局观，并建立广泛的人脉资源，拓展视野。

若员工的适应力不强，可以使其跨区工作，甚至派驻海外，扩大工作的业务范围，强迫快速适应新的环境并进入工作状态。

若员工的整合力不佳，可以使其历练不同职能，从多地域、多产品的维度，丰富业务经验。

若员工的领导力偏弱，可以使其直接带领 20 人左右的团队，负责下属的学习、升迁与发展，快速培养管理能力。

若员工的判断力不强，可以使其参与关键客户的危机管理，在不熟悉的领域或文化氛围中，应对团队伙伴和客户的挑战，以突破原有的思维定势。

若员工的抗压力不佳，可以使其多参与和历练不同的岗位和项目，从成功与失败中吸收经验教训，在挫折与困难中越战越勇。

孔子当 CEO 会如何做

柴也愚，参也鲁，师也辟，由也喭。（《论语·先进》）

孔子评价四位学生说："高柴愚笨，曾参迟钝，子张偏激，子路鲁莽。"

子路问："闻斯行诸？"子曰："有父兄在，如之何其闻斯行之？"

冉有问："闻斯行诸？"子曰："闻斯行之。"

公西华曰："由也问：'闻斯行诸？'子曰：'有父兄在。'求也问：'闻斯行诸？'子曰：'闻斯行之！'赤也惑，敢问。"子曰："求也退，故进之；由也

兼人，故退之。"（《论语·先进》）

子路问孔子："学到的知识与技能，若有机会，是否可以立刻去实践？"孔子回答："你应该先问问父母亲与家中长辈的看法，怎么可以自己立刻决定去做呢？"

冉有问孔子："学到的知识与技能，若有机会，是否可以立刻去实践？"孔子回答："可以的，马上去做。"

公西华问孔子说："仲由问您'学到新知识和新技能，是否可以立刻去实践'时，您回答'还没有询问父兄的意见，怎么可以立刻去做呢'，冉有问您'学到新知识和新技能，是否可以立刻去实践'时，您回答'可以马上去做'。我感到迷惑，大胆地请问：您为什么对同样的问题给出两个完全不同的回答？"孔子回答："冉有个性拘谨，所以我鼓励他应该多进取；仲由个性冲动，所以我提醒他应该多思考。"

我们可以学到什么

孔子是大思想家、大教育家，有教无类是他的理念，因材施教是他的方法。育才的成果丰硕，3 000 多人的学生中，72 人学有专精，10 人在德行、言语、政事、文学领域得到孔子的真传。

为了做到因材施教，孔子也从日常观察中，了解学生的特质与习性，并且随时提醒学生注意自己性格上的偏差。孔子对于个性谦退、遇事容易畏缩的学生，鼓励他即知即行、勇于任事；对于个性急躁，遇事容易莽撞的学生，提醒他请教师长、三思而行。孔子如此一进一退的教导，可以使学生各取所需，避免过或者不及。

企业追求永续发展，人才新陈代谢加速，新任主管往往会遇到许多管理问题，常陷入领导困境，急需有经验的企业领导者因材施教、循循善诱，"扶上马，送一程"。新任主管可能遇到的挑战以及领导者可以给予的指导、教导、辅导包括：

1. 有效指派工作

新任主管由专业型人才提升为管理型人才，追求个人绩效表现的心态一时间仍难以转换，容易忘记学习如何协助他人获得成就。领导者必须与新任主管沟通，使其认清角色的转变。新任主管应该明白：有时候必须退居幕后，做好工作分派，使员工有机会独当一面。另外，必须赶快加强团队建设，培养有才华、有潜力的下属，这些远比争取业绩的达成更重要。

2. 请求领导支持

新任主管因为怕给领导造成能力不足的印象，被怀疑所托非人，往往不会主动与领导保持沟通，反馈问题。尤有甚者，往往会设法掩饰进度不佳的项目，以及失败的计划。领导者必须使沟通管道畅通，积极分享经验，并告知新任主管乐于随时提供咨询与协助，促使其更快掌握组织问题，解决问题，创造良好绩效。

3. 展现专业自信

新任主管想要快速胜任职位，必须证明自己拥有专业技能与执行策略的能力，使得下属感受到敬业精神与乐观前景。领导者必须提醒新任主管，称职的主管不一定要让下属崇拜、欣赏，然而必须要让下属信任、尊重。

4. 思考方针大局

新任主管在上位初期，难免习惯于关注解决眼前的问题，而不去思考如何做好策略规划。领导者要督促新任主管快速学习，想要做好策略规划，可以利用 SMART 工具，先学习如何设定目标，并列出明确的行动步骤，以确保可执行到位。

5. 即时沟通反馈

新任主管为了避免与人对立、冲突，通常对于他人或下属不恰当、偏差的行为，不会主动纠正，而是选择静观其变，期待情况自行好转。如此一拖再拖，将失去机会教育和给予建设性意见的良机。领导者必须提醒新任主管，称职的主管无法改变下属的个性，却可以改变行为。

无须担心别人不知道自己的能力，
而要担心的是自己不了解别人。

第 36 堂课
高效益的人才发展

从企业的"企"一字可以清楚解读企业的生存与发展关键，人止为企，有了人，组织可以发展，没有了人，组织立即止步，连生存都是问题。人选择理想的企业，企业也选择合适的人。企业选人的标准，一则要有能力，二则态度要好，三则要认同企业。

人才发展策略的重心，在于适应多变的市场竞争态势与顾客需求，同时在务实的、团队共同认可的目标下，因地制宜地发掘和确认组织的核心能力，以及与时俱进地提升人才素质和强化职业素养。这些职业素养，包括了人格特质、思维模式、工作动机等，属于企业文化导向的共通能力。

任何企业如同一个独特的个人，有其独特的企业文化。企业文化的组成要素可分为三大层次，即思想层、制度层、器具层。思想层指的是企业的理念、使命、价值观，以及所追求的共同愿景；制度层指的是企业的组织结构、行为规范、作业流程，以及管理的工具和方法；器具层指的是企业的办公设施、工作环境。企业的经营策略必须根基于企业文化，企业的选人、用人也离不开企业文化，如此一来，可以使得团队共同认可的目标有效达成：

（1）保证销售额、利润、市场占有率增长；（2）建立和强化与顾客的伙伴关系；（3）建立和强化专业的营销团队。

美国哈佛大学教授拉姆·查兰曾是美国通用电气前 CEO 杰克·韦尔奇最信赖的经营顾问，他主张人才发掘与系统培育是企业持续竞争力的源头活水，CEO 必须携手首席财务官、首席人力资源官组成 G3（三人核心高管团队），有效提升人力资源专业职能，包括：建立新流程、招聘新员工、改善离职率、增进参与度；并以每周评估、月度前瞻、季度总结、年度计划的工作目标管理，协助企业诊断组织问题，研拟解决方案，预测执行结果，最终促进业务卓越发展。

CEO 会遇到的挑战
如何设计科学有效的系统去选人、用人？

宝洁公司总部位于美国俄亥俄州辛辛那提，全球员工近 110 000 人，是中国最大的日用消费品公司，旗下品牌飘柔、舒肤佳、玉兰油、帮宝适、汰渍及吉列等居于领先的市场地位。宝洁取得全球市场的领先地位，必须归功于其将人才列为公司的核心价值之一，并且人才发展系统能够成功运作。宝洁公司 CEO 雷富礼说："我们吸引并招聘世界最优秀的人才。我们实行内部升迁的组织制度，选拔提升和奖励员工不受任何与工作表现无关的因素影响。我们坚信，宝洁的所有员工永远是公司最为宝贵的资产。"

宝洁的人才发展体系，可以分为选才、育才、用才、留才四大系统。宝洁找的人必须符合下列人才标准：

- 进取心——主动性强，坚忍不拔，克服困难，完成工作。
- 领导才能——能够领导并激励别人。
- 沟通能力——能够简明而有说服力地表达自己的观点，听取别人的建议。

- 分析能力——全面思考工作中的问题并能够高效地解决问题。
- 创造性——适应变化的环境，发现新想法、新途径。
- 合作精神——具有团队协作精神，与团队成员共同合作实现目标。
- 正直的人格——认同宝洁的文化和价值观，诚实、正直地工作。

在选才方面，从统一招聘开始严格把关，坚持招聘重点大学的优秀毕业生。招聘的人必须认同公司的价值观，具发展潜力。

在育才方面，宝洁有完善的培训体系，进行全员、全方位培训。下属的能力提升是考核经理人的重要指标之一，将开发员工能力作为经理人的职责。宝洁为员工提供明确和有层次的职业发展道路，依据员工人格特质、专业技能、职业素养，职业发展路径分为：

（1）M（Management）系列——管理系列，包括职能部门的管理职位和行政类职位，分为七级。

（2）A（Administration）系列——行政系列，包括办公室秘书、助理、品牌策划等职位，分为四级。

（3）T（Technical）系列——技术系列，包括生产制造中与机器打交道的职位，分为十级。

员工的晋升力求做到透明、客观、公开、公平、公正。

在用才方面，CEO 雷富礼在每个周日晚上，不接待其他人，只与人力资源总裁会面，阅读并亲自审批公司 200 名高层经理人的业绩报告，找到存在的问题，并实时解决。同时，将领导力培养作为高层经理人必须参与的首要之事，也是考核经理人的标准之一。此外，公司建立了人才开发系统，系统中记录了公司有潜力的主管的信息，帮助公司确认哪个人适合填补哪个职位空缺。

在留才方面，宝洁以事业发展争取员工认同，加强高层经理人团队的多元化，包括招聘地多元、海外派遣、文化多元、种族多元，并加强女性高层经理人比例。同时，赋予员工全球背景的历练机会，制定有竞争力的薪酬福利制度。

孔子当 CEO 会如何做

子曰："学而时习之，不亦说乎？有朋自远方来，不亦乐乎？人不知而不愠，不亦君子乎？"（《论语·学而》）

孔子说："持续不断地学习新知识，有计划地反复思考所学到的知识，并且尝试运用到日常工作与生活中，难道不是应该内心充满喜悦的吗？有志同道合的朋友，从很远的地方来看你，难道不是应该表现出快乐的吗？若是一个人的道德学问不被他人称道却不埋怨、恼怒，难道不是有德君子的表现吗？"

子曰："不患人之不己知，患不知人也。"（《论语·学而》）

孔子说："不担心别人不了解自己，担心的是自己不了解别人。"

我们可以学到什么

若我们将人生视为一段旅程，从此处到他方，我们一定有丰富的阅历与体会，更重要的是，我们将尽一己之力，创造价值，或多或少，贡献于人类文明社会。为了使自己展现潜力、更有能力，孔子以身作则，终其一生与时俱进，志道、据德、依仁、游艺，展现出勤奋乐观的好学精神、永不放弃的有为意志，值得我们敬仰效法与终身学习。教学相长，是孔子的学习心得与一生的志业。要使自己学有所长，要使他人学有所用，自知与知人是关键，所以说"自知者明，知人者智"。

知人之智，以及自知之明，两者一体两面，同等重要。因为，经营企业最重要的是了解每一位团队成员的知识专长与人格特质，了解其能力的强弱，并且尊重个体差异，达到扬长避短、互补加值的效果，无须在意他人不知道我们团队的实力。

企业要在竞争激烈的环境中生存，确保企业目标的达成，必须展现组织的核心能力，去规划、设计、生产产品，以及销售和提供服务。组织的核心能力如何界定？我们可以从现有组织中绩效优异者、策略创新者的行为表现，去观察、感受、收集、分析构成核心能力的元素，如专业力、领导力、整合力、创新力、执行力，借以建立、发展、验证能力模型。由于核心能力多为共通能力，若想使组织综合功能充分发挥，必须再引导发展出个别的职能模型。职能是企业价值链的基础，由职能引导出行为，由行为创造出价值，即可量化的经营成果。职能可通过培训系统塑造，行为可通过工作环境激励，价值可通过团队共识达成。

人力资源工作者依照职能模型进行人员的招聘、甄选和任用。职能模型可以说是策略型人才管理架构的核心，以其作为人才和组织行为特征的评估参照。换言之，对于组织现有和未来所需的人才，企业一方面利用测评工具取得人才一些客观的行为特质，另一方面从人才的自评、绩效、潜力、经验等面向，交叉评估与确认所需人才的理想标准。至于如何做好人力资源的取得、发展和配置？除了将符合标准的人才纳入高潜力人才库之外，必须研讨能力缺口，通过可行的学习策略，并据以设计和开展个人发展计划和团队发展计划，来弥合缺口。学习策略可因人量身订制，常见的有在职训练、跟随训练、轮岗训练、项目训练、课程训练、代理训练，而学习的目标则分为能力养成、绩效表现、经验累积、文化认同。高潜力人才通过培训系统，可以获得关键能力，并将能力转移到工作中，以产生行为效益。

企业追求永续发展，建立系统的人才发展机制、创建使人才展现专长的工作环境势在必行。如此一来，人才通过自我学习、温故知新，将展现策略规划、经营管理、创新思维、人才培育等核心能力，对企业的价值与贡献将可以从领导力发展、顾客满意度、绩效表现、品牌认同方面一一得到印证。

　　人类文明进入 21 世纪，面对经济全球化、文化多样化、社会信息化的世界潮流与挑战，国家领导人无不积极探索如何兼顾和平与发展，从国际社会经济繁荣的根本利益出发，加速世界和平这一人类共同追求的美好理想。中国为促进经济繁荣、人类幸福、世界和平，必须担当更重要的世界公民角色，这也是中华文明复兴的大事业。

　　中国提出"新丝绸之路经济带"和"21 世纪海上丝绸之路"的国家大战略。简言之，中国将与志同道合的国家一起，共建"一带一路"（One Belt And One Road，OBAOR），深化经济合作伙伴关系，打造政治互信、经济融合、文化包容的利益和责任命运共同体。如此一来，深蕴汉唐盛世风采的中华文明与时俱进，结合 21 世纪的时代思潮，必定能够以中国传统文化价值涵养社会主义核心价值观，并在国际现代文明社会植根、生长、茁壮，创造新的普世价值。

　　中国传统文化根植于我们人伦日常的生活当中，基于对于民族文化、国家认同、社会关怀、个人责任的多元追求，我们共同拥有中国梦。中国梦是一代又一代中国人对美好未来的追求，具有三大特色：尊重传统、重视教育、服务人民。尊重传统的第一步，是理解传统、转化传统、发扬传统，而阅读传统文化经典可说是最有效的方法，可视为丰富中华民族精神文明的有效途径。

如何倡导全民阅读，建设书香社会？国家行政学院的沈伟鹏博士认为："书香社会应该是一个学习成为信仰、读书成为习惯的社会；是一个尊重知识、尊重人才的社会；是一个文化发达、崇尚文明的社会。"确实如此，我们应该使阅读成为一种生活方式，阅读经典可以强健我们的精神意志，丰富我们的生活情趣，提振我们中华民族的自信心与自豪感。

儒学大师成中英先生倡导，在新觉醒时代中华文明复兴必须重视伦理与和谐，如同《尚书》中所说的："百姓昭明，协和万邦。"如何做到"协和万邦"？一方面，我们需要发展自己，与世界上的文明国家建立和谐关系；另一方面，中国人要坚持走自己的路，将自己的文化再发展、再创造，并且与人为善，重视和其他国家的交往，建立和谐的环境，维护世界的和平发展。

习近平总书记认为："研究孔子、研究儒学，是认识中国人的民族特性、认识当今中国人精神世界历史来由的一个重要途径。"（引自习近平在纪念孔子诞辰 2565 年国际学术研讨会上的讲话）确实如此，我们阅读《论语》，总结儒家的领导哲学，其思路从修身、齐家、治国、平天下，一以贯之；其拥有与时俱进的生命力，展现出成熟的时代精神，近十年来更是成为国学的中心思想的蓝本。国学，是国家生存发展的学问，是治国平天下的学问，有本有源，是我们中华民族的身份识别，可以昂首顶立于世界。

西方在基督教文化的影响下，强调发展个人，为了荣耀上帝，因此在科学与民主方面，创造出实用的成就；中国在儒家的思想影响下，重视群体，个人有内在的自觉，修好身，以对治国、平天下有所贡献。因此中国传统文化在人伦和义理方面，有极高明的成就。西方文化善于改造自然，是促进人类现代化的工具和知识，中国传统文化则善于安定人心，是促进现代化社会和谐的理性智慧。

孔子的"仁德"思想对我们经营好自我人生、管理好企业发展具有极高的价值，以"吾道一以贯之"的"仁"当作内心自觉发展的原动力。"仁"是"智"、"仁"、"勇"三达德的核心理念，是人可以立己立人、成己成人的向善自觉、内在超越与转化的根本。

在今日的商业社会，孔子的领导思维与管理思想，如何回应时代的召唤？如何启发和协助企业领导者把企业做大、做强、做精，创造永续发展的价值，实践天下太平、止于至善的王道愿景？我们可以参考孔子思想实践路径图。

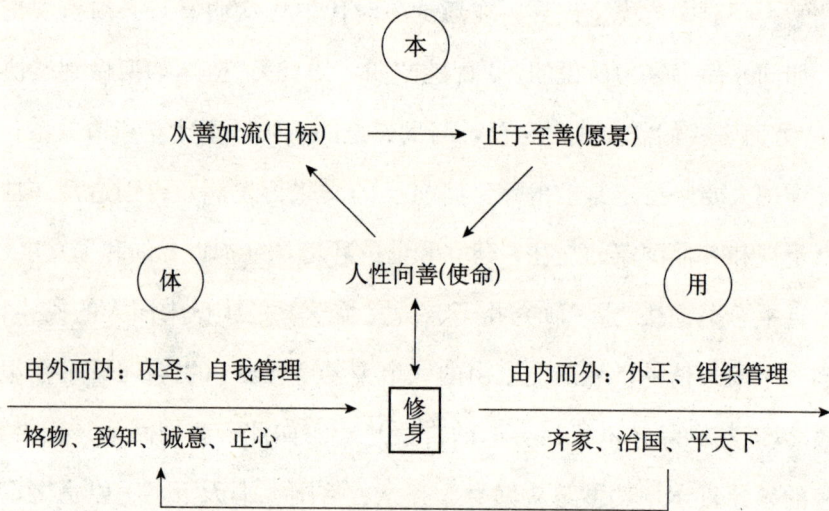

孔子思想实践路径图

中国人讲求天人合一、天人合德，天道、天命是人生而为人的生命本源，是由人的良心去自觉自知的使命，是由真诚引发的内心力量，理解人性向善，理解人的普遍存在，因此，可说"人之本"在于启明后有智慧；人类传承了历史进化的形体，有脑袋以思考、判断，有手脚方便行动、创作，有自我立身处世的目标，在人与人的互动中从善如流，持续创造和深化"人之体"的忠恕存在价值。在人性与人生的全面发展历程中，对于真善美价值的追求与守护，更加彰显了"人之用"如何以勇气、义气引领，达到止于至善的愿景，成就人生终极关怀的境界。简而言之，人的生存和发展的主客观现实，若以"本、体、用"相互诠释，可视为一连串道德主体创造价值与体验价值，并与其他道德主体相互尊重、相互理解、相互认同和发展的历程，具有永恒、独特且开阔的历史意义。

领导者自觉修身，一方面，必须内外相融，有逻辑的理性，有审美的感性；另一方面，对组织发展和工作任务有使命感，向上、向善，做对的事，并且目标明确，愿意为实现组织共同的愿景而全力以赴。领导者立志修身，懂得养心，会用心观察、体会周遭环境的变化，诚实面对自我的需求、感受，同时做到"正心"，即心情、心境不受到愤怒、恐惧、贪婪、忧虑情绪的左右。

正心是修身的根本，那么何者谓"正"？《说文解字》说："正者，是也。"意思是说事物的展现如其自身的实在状态，可谓"直"、"中"，亦即公正、中正。"中"是有丰富内涵的字，当名词用指中间，当动词用指居中、持中，当形容词用指不偏不倚。人心如何得正？我们对事物的判断如何得正？对外在的事物或内在的感受，当人们凭借理智和觉察去感知，必须抱持动态平衡的评价态度，与时俱进，在动态的时空机缘之中，去认知、理解事物的存在现状与发展预期。换句话说，只要心能够时时刻刻以"中"的态度追求"中"的价值，即可使人心不走极端、不静默无识，保持伺机待变的端正态度，也能够做出运筹帷幄的决策，确保高效的组织运营管理绩效。

以孔子教诲为根源的儒家思想，其领导思维阐明了做人做事的道理，是一套符合中国人文特色的人生价值体系，充分彰显儒家思想对美好人生的追求。一方面，孔子思想教会我们做人做事的道理，让我们懂得展现高尚的理想品格，把对的事做好；另一方面，协助我们追求体现真善美的人生价值。

对企业经营实务而言，我们学习孔子的领导思维，可以从伦理和管理两大层面，创造出具有中国特色的领导风格，保证企业目标、愿景的落地达成。讲伦理离不开做人所需的"关系"，即组织管理运作中无所不在的人际关系，企业领导者想要建设和维系和谐的团队，必须教导和要求下属，做好自我管理、关系管理和愿景管理。换句话说，我们必须学习、理解、表达自我内心真诚的感受；同时，我们必须倾听、包容、沟通对方心中的期待；此外，我们必须从共同目标的立场，愿意贡献一己之力，创造自然美好的境界。讲管理离不开做事所需的"数字"，对数字有一定的敏感度，善用数字，有利于我们快速发现、理解、掌握经营的现实。企业领导者想要达成企业目标，创造顾客忠诚、满足顾客期待、获得合理利润，必须具有数字意识和运用数字的技能，这样才可以做好目标管理、时间管理、过程管理。

英国历史学家本·麦肯特尔曾在《泰晤士报》发表了一篇文章，题目是"危难时期我们可以借助哪些人"，意思是说全球经济危机导致如此大的社会困难、国家困境，我们可以求助哪些思想家。孔子名列第一。确实如此，孔子是勇于追梦的圣人，秉持"天行健，君子以自强不息"的志向，以"知其不可而为之"的人生信仰与精进态度，通过教育去启发人的道德感、价值观，发展人的潜力，并结合志同道合的人，共同创造人性圆满自足，"老者安之，朋友信之，少者怀之"的大同世界。今日世界，在中国当一位 CEO，应有更高的责任意识和道德自觉，为实践中国梦，反省和尽力。因为在复兴中华文明的大事业上，中国梦是中华民族全体人民的共同追求，我们挺身而出，勇于实践中国梦，正当其时。

参考文献

[1] 钱穆. 论语新解 [M]. 北京：生活·读书·新知三联书店，2002.

[2] 辜鸿铭. 辜鸿铭讲论语 [M]. 北京：金城出版社，2014.

[3] 傅佩荣. 傅佩荣解读论语 [M]. 北京，线装书局，2006.

[4] 成中英. C 理论：中国管理哲学 [M]. 北京：中国人民大学出版社，2006.

[5] 成中英. 文化、伦理与管理：中国现代化的哲学省思 [M]. 贵阳：贵州人民出版社，1999.

[6] 葛荣晋. 中国管理哲学导论 [M]. 北京：中国人民大学出版社，2007.

[7] 石滋宜. 向孔子学领导 [M]. 台北：天下元见出版股份有限公司，2013.

[8] 杜拉克 P F. 杜拉克精选：个人篇 [M]. 陈琇玲，译. 台北：天下远见出版股份有限公司，2005.

[9] 刘兆玄，李诚. 王道文化在 21 世纪的实践 [M]. 台北：远流出版事业股份有限公司，2013.

[10] 哈默 G，布尔 B. 管理大未来 [M]. 陈劲，译. 北京：中信出版社，2008.

[11] 韦穆伦 F. 管理的真相 [M]. 孙忠，译. 北京：中国财政经济出版社，2012.

[12] 戈恩 C. 像 CEO 一样思考 [M]. 赖惠铃，译. 台北：今周刊出版社，2014.

[13] 马齐欧 M，欧耶 P，薛佛 S. 三个商学院教授的公路笔记：45 堂教育外最精彩的企管课 [M]. 台北：大块文化出版股份有限公司，2014.

[14] 尤里奇 D，斯穆尔伍德 N，斯威特曼 K. 领导力密码 [M]. 陶娟，译. 北京：中国人民出版社，2011.

[15] 奥利弗 J X. 我成功的秘诀 [M]. 丛晓芳，译. 北京：金城出版社，2010.

[16] 张殿文. 尹教授的 10 堂课：兴学兴人的神隐总裁 [M]. 台北：今周刊出版社，2013.

[17] 艾诚. 奋斗是一种信仰：艾问十位商界大咖的人生底色 [M]. 北京：中国友谊出版公司，2015.

[18] 吴井田. 醍醐灌顶：时代商侬大智慧 [M]. 长春：吉林出版集团有限责任公司，2014.

图书在版编目（CIP）数据

请孔子当CEO：好领导必上的36堂课/张博栋著.—北京：中国人民大学出版社，2016.7
ISBN 978-7-300-22674-3

Ⅰ.①请… Ⅱ.①张… Ⅲ.①儒学-应用-企业管理 Ⅳ.①F270

中国版本图书馆CIP数据核字（2016）第053366号

请孔子当CEO：好领导必上的36堂课

张博栋 著

Qing Kongzi DangCEO

出版发行	中国人民大学出版社			
社　　址	北京中关村大街31号		**邮政编码**	100080
电　　话	010 - 62511242（总编室）		010 - 62511770（质管部）	
	010 - 82501766（邮购部）		010 - 62514148（门市部）	
	010 - 62515195（发行公司）		010 - 62515275（盗版举报）	
网　　址	http://www.crup.com.cn			
	http://www.ttrnet.com（人大教研网）			
经　　销	新华书店			
印　　刷	北京中印联印务有限公司			
规　　格	170 mm×240 mm　16开本		**版　　次**	2016年7月第1版
印　　张	14 插页2		**印　　次**	2016年7月第1次印刷
字　　数	120 000		**定　　价**	39.00元